¡Vamos!

¡Vamos!

Siete ideas audaces para una América Latina
más próspera, justa y feliz

LUIS ALBERTO MORENO

Papel certificado por el Forest Stewardship Council®

MIXTO
Papel procedente de
fuentes responsables
FSC® C117695
www.fsc.org

Penguin
Random House
Grupo Editorial

Primera edición: abril de 2022

© 2022, Luis Alberto Moreno
© 2022, Penguin Random House Grupo Editorial, S. A. U.
Travessera de Gràcia, 47-49. 08021 Barcelona
© 2022, Martha Cecilia Mesa Villanueva, por la traducción

Printed in Spain — Impreso en España

ISBN: 978-84-18967-05-4
Depósito legal: B-3.160-2022

Compuesto en Pleca Digital, S. L. U.
Impreso en Black Print CPI Ibérica
Sant Andreu de la Barca (Barcelona)

C 9 6 7 0 5 4

A mi madre, Marta Mejía de Moreno

Índice

Introducción

En los primeros días de la pandemia de la COVID-19, quedó claro que Guayaquil, la ciudad más grande y capital empresarial de Ecuador, afrontaba serios problemas. Por un capricho del destino, más de veinte mil ecuatorianos acababan de regresar a casa después de sus vacaciones anuales. Muchos de ellos volvían de Italia y España, escenarios de dos de los primeros y más letales brotes del nuevo coronavirus. El presidente Lenín Moreno comprendió que la amenaza era grave, pero optó en primera instancia por no cerrar los aeropuertos del país y pidió a los viajeros que se aislaran en casa. «Si la gente pone de su parte, creo que podemos controlar esto», me dijo entonces.

Sin embargo, los viajeros, muchos de ellos miembros de la élite y de la clase media de Guayaquil, ignoraron en gran medida la petición del Gobierno. Algunos asistieron a una boda muy concurrida, que se convirtió en un evento de «alto contagio». Cuando los que habían estado de vacaciones y sus familiares padecieron de manera inexorable fiebre, tos y otros síntomas, buscaron y recibieron tratamiento en las clínicas privadas del país, que en general cuentan con buenos servicios. Sin embargo, en ese momento ya habían contagiado el virus a sus empleados domésticos, a taxistas, al tendero de la esquina, etc., miembros todos ellos de las clases populares.

La mayoría de quienes formaron parte de esta «segunda ola» de la pandemia no tenían la opción de trabajar desde su casa. Eran personas más propensas a padecer patologías previas, como la obesidad. Además, muchas de ellas solo tenían acceso al sistema de salud pública de la ciudad, que sufrió un colapso incluso en los mejores momentos. Allí, las tasas de mortalidad por el virus llegarían a ser hasta seis veces más altas que en las clínicas privadas, según datos de un estudio posterior.

A principios de abril, los hospitales y otros servicios de Guayaquil estaban tan desbordados que los cadáveres empezaron a amontonarse en las aceras, mientras se pudrían bajo el calor tropical, cubiertos tan solo por una sábana o una manta. En algunos casos, pasaron seis días antes de que los recogieran. Estas imágenes horribles aparecieron en la televisión y circularon por las redes sociales de todo el mundo.

En las semanas y meses siguientes, veríamos repetirse una y otra vez diferentes versiones de esta historia en toda la región, en Brasil, Colombia, México y en otras zonas. Incluso los países que intentaron «hacer lo correcto» y decretaron estrictas medidas de cuarentena o distanciamiento social, como Argentina y Perú, se convirtieron sin remedio en focos de enfermedad y muerte. A finales de 2020 ya no cabía ninguna duda: América Latina era la zona cero de la COVID-19, la región más afectada de acuerdo con casi todas las estimaciones. Teníamos seis de los doce brotes más graves del mundo, según la tasa de mortalidad registrada en una base de datos de la Universidad Johns Hopkins. A pesar de que América Latina solo tiene el 8 por ciento de la población mundial, la región sufrió casi un tercio de las muertes confirmadas relacionadas con la pandemia.

También en el plano económico las noticias fueron desastrosas. En 2020 las economías de América Latina se contrajeron por término medio más de un 7 por ciento, es decir, más que en cualquier otra gran región del mundo, con la posible excepción de la eurozona. El desempleo y el hambre se dispararon. Todo el progreso que habíamos logrado en cuanto a la reducción de la pobreza y el crecimiento de la clase media en los veinte años anteriores corría el riesgo de desvanecerse.

Hoy, mientras escribo estas palabras, el panorama sigue constituyendo un desafío mayúsculo. Si bien la COVID-19 ha retrocedido en gran parte del mundo, todavía no hemos superado sus efectos en América Latina. Nuestra economía ha estado en proceso de recuperación desde 2021, pero millones de personas han quedado al margen. En toda la región, el desempleo aún supera de media el 11 por ciento. Según algunas predicciones, la renta per cápita no se recuperará hasta 2025, más tarde que en cualquier otra región del planeta. De hecho, tanto a los inversores como a los ciudadanos de a pie les preocupa que estemos al comienzo de otra «década perdida» similar a la de 1980, cuando nuestra región sufrió una inflación desbocada, una criminalidad creciente y un devastador declive a largo plazo de su economía.

Es una situación muy compleja que no tiene una solución fácil. No importa con quién se hable hoy en día, desde los líderes empresariales de São Paulo hasta los políticos de Buenos Aires y la gente común y corriente de Lima o Ciudad de Guatemala, todos se plantean las mismas preguntas: ¿cómo llegamos hasta aquí?; ¿por qué somos tan vulnerables?; ¿hay alguna manera realista de solucionarlo?; ¿o es que América Latina está en cierto modo destrozada, sin esperanzas y condenada al fracaso?

Nací en 1953 en Filadelfia, donde mi padre, un colombiano, estudiaba Medicina en la Universidad de Pensilvania. Sin embargo, mi familia regresó a Bogotá cuando yo tenía cinco años, y siempre me he considerado latinoamericano de alma y espíritu. Aunque he pasado gran parte de mi vida adulta en Estados Unidos, incluidos los últimos veintidós años en Washington D. C., todavía hablo inglés con un fuerte acento. Además, siempre he preferido las arepas a las hamburguesas con queso, a Tom Jobim antes que a Tim McGraw y las playas de la costa del Caribe colombiano, con sus majestuosas dunas de arena, su brisa fresca y sus paisajes de la Sierra Nevada, frente a las poco inspiradoras panorámicas de Malibú o Miami Beach.

Menciono esto porque los latinoamericanos de mi edad deberían saber muy bien que no tienen que creer en el fatalismo que tanto se percibe en estos días. La creencia de que nuestras naciones son en cierto modo incapaces de reformarse o de progresar no solo es contraproducente, sino incorrecta desde un punto de vista objetivo. Va en contra de todo lo que hemos visto desarrollarse a lo largo de nuestra vida, ante nuestros propios ojos.

Consideremos lo siguiente: hace poco, a finales de la década de 1970, América Latina era una región dominada por dictadores y juntas militares. La censura y la persecución política imperaban por doquier. En la actualidad, en cambio, más del 90 por ciento de los latinoamericanos viven en democracias dinámicas, aunque imperfectas. En toda la región, la esperanza de vida media se ha incrementado más de dos décadas durante mi existencia, y, con una media de setenta y cinco años, es superior al promedio que se registra en Asia (setenta y tres) y apenas inferior a la de Europa (setenta y ocho) y Norteamérica (setenta y nueve). Hace medio siglo, uno de cada tres adultos de América Latina no sabía leer y los automóviles y viajes en avión eran considerados un lujo. Hoy en día, la región goza de una tasa de alfabetización superior al 90 por ciento, casi la mitad de nuestros ciudadanos viajan en avión al menos una vez al año y los coches son un bien bastante accesible (como puede atestiguar cualquiera que haya quedado atrapado en el tráfico de una ciudad latinoamericana).

Democracias de América Latina en 1977

Democracias de América Latina en 2022

Mientras tanto, el porcentaje de jóvenes latinoamericanos matriculados en la educación superior ha aumentado más del doble desde 1990. Esto supone un avance increíble con un potencial transformador que ninguna otra región del mundo ha experimentado. Y, como señal de esperanza para sociedades aún infames por su machismo, las mujeres superan ahora en número a los hombres matriculados en las universidades latinoamericanas y representan alrededor de un tercio de los miembros de los parlamentos de la región. Esta cifra es superior a la de Estados Unidos, donde asciende solo al 23 por ciento.

La primera década de este siglo, la de 2000, fue una época de progreso singular. A medida que el precio del petróleo, el mineral de hierro y muchas otras materias primas latinoamericanas se disparaba, debido en parte a la demanda de China, nuestra economía creció al ritmo más acelerado por lo menos en medio siglo, en términos per cápita. Países como Brasil, México y Perú cosecharon los beneficios de las importantes reformas promercado que habían realizado en los años anteriores, gracias a las cuales millones de sus ciudadanos pudieron por primera vez ahorrar, invertir y acceder al crédito. Los programas sociales innovadores, como Bolsa Familia de Brasil, ayudaron a distribuir las ganancias inesperadas con la adjudicación de un pequeño estipendio mensual a los pobres y contribuyeron al crecimiento de una nueva clase de consumidores más solventes. En definitiva, el resultado fue que las economías de la región se beneficiaron de un aumento de la productividad y que la pobreza se redujo de manera considerable. Alrededor de cincuenta millones de personas, más del 10 por ciento de la población de la región, se incorporaron a la clase media.

Me parece que es importante recordar estos logros en un momento como este. Constituyen una prueba de que no hay razón para la desesperación; el progreso no solo es posible en América Latina, sino que es sin duda un elemento intrínseco de nuestra historia más reciente.

Pero al mismo tiempo...

También debo admitir que hablar hoy en día de estos avances resulta obsoleto; es como escuchar un álbum de «grandes éxitos» de una banda que no ha compuesto una canción impactante en mucho tiempo.

De hecho, el optimismo y la euforia que sentíamos apenas diez años atrás parecen ahora un recuerdo lejano. La década de 2010 fue un periodo de descontento, impotencia y escándalos de corrupción, como el famoso caso Lava Jato que envió a la cárcel a políticos y empresarios en toda América Latina. En esos diez años, nuestra economía creció apenas la mitad que la media mundial, más despacio que en cualquier otra parte del mundo. Ahora gozamos de la triste reputación de ser la región más violenta del planeta: tenemos un tercio de los homicidios; nuestro medio ambiente sufre los efectos del cambio climático y otros flagelos, pues no dejamos de agotar recursos naturales como el Amazonas y los océanos y nos estamos quedando rezagados en la carrera mundial para crear una economía más ecológica, inclusiva y sostenible; nuestras instituciones educativas suelen tener dificultades para formar estudiantes con las competencias necesarias para triunfar en el siglo XXI, y nuestras inequidades raciales y de género aún poseen una magnitud inaceptable.

Estos retos supondrían una gran dificultad incluso para los líderes más competentes, pero nuestra política actual es tóxica y está dominada cada vez más por líderes populistas que prometen el mundo y que demonizan a sus rivales, aunque en última instancia —como resulta previsible— no cumplen las expectativas. Las dictaduras de Venezuela, Cuba y Nicaragua han reprimido la disidencia y conducido sus economías a la ruina, lo cual ha propiciado una crisis migratoria de proporciones insospechadas. Además, otros países están enfrentado sus propios retos a la democracia. Incluso en naciones que antes considerábamos oasis de tranquilidad, como Chile, han estallado manifestaciones multitudinarias en las calles, a medida que los ciudadanos se indignan cada vez más con la corrupción y con la sensación de que no pueden alcanzar una vida de clase media segura para sus familias, y —en algunos casos— llegan a frustrarse con la propia democracia.

La conclusión ineludible es la siguiente: América Latina ya estaba convaleciente antes de que estallara la pandemia. La nuestra es una crisis que lleva décadas gestándose, que ninguna terapia o vacuna resolverá por completo.

Las causas de esta enfermedad son profundas y tan variadas y complejas como las treinta y tres naciones que componen América Latina y el Caribe. Resulta inevitable que una región de casi 650 millones de habitantes, distribuidos en una zona que va desde el río Bravo en México (conocido como río Grande en Estados Unidos) hasta Tierra del Fuego en Argentina, tenga historias dispares y afronte diferentes desafíos.

Sin embargo, hay muchos lazos en común. La historia sobre el desarrollo de la pandemia en Guayaquil insinúa muchos de ellos. Recordemos la forma en que el virus se propagó desde una élite con movilidad global hasta una clase popular más vulnerable. La nuestra es la historia de la mayor brecha del mundo entre ricos y pobres y de todas las tensiones sociales que ello puede causar; de una política disfuncional; del desprecio por el Estado de derecho; de democracias frágiles o enfermas; de años de escasa inversión en materia de salud, educación y otros servicios públicos, por nombrar solo algunos.

Es la historia de un *statu quo* que no funcionaba para la mayoría de las personas, ricas o pobres. Analicemos lo siguiente: antes de la pandemia, una encuesta mostró que el 27 por ciento de los habitantes de América Latina y el Caribe abandonarían su país de origen si tuvieran la oportunidad de elegir; un porcentaje que casi duplica la media a escala mundial. Nunca en mi vida he oído a tanta gente que esté dispuesta a abandonar su país de origen por Miami, Madrid, Nueva York o cualquier otro lugar en el que consideren que pueden vivir en paz.

Así pues, la elección es clara. Podemos rendirnos o podemos dedicarnos a reinventar América Latina donde el cambio sea más necesario y asegurarnos de que lo que surja de este terrible momento sea mejor que lo que teníamos antes.

Estoy convencido de que las soluciones ambiciosas son posibles. En los últimos veinte años he tenido la suerte de conocer y colaborar con algunas de las personas más extraordinarias de nuestra región. Como presidente del Banco Interamericano de Desarrollo desde 2005 hasta 2020, trabajé con una increíble variedad de colegas: economistas, analistas políticos y expertos en desarrollo que han dedicado su vida al estudio de estos interrogantes en torno a la manera de lograr que nuestra región prospere. También conocí a casi todos los jefes de Estado y ministros latinoamericanos, así como a innumerables artistas, empresarios y personas comunes y corrientes. En este libro comparto las enseñanzas que he recibido de todos ellos, con la esperanza de alumbrar el camino a seguir.

Cada capítulo de este libro gira en torno a una idea o propuesta diferente para hacer que la vida en América Latina sea algo mejor. No se trata de un texto académico, sino de una recopilación de ideas, datos, reflexiones e historias. Tengo la esperanza de que, al margen de que sea usted un ejecutivo o un universitario, un ministro o solo un ciudadano preocupado, de que viva en América Latina o en algún otro lugar del mundo, este libro le brinde un diagnóstico claro, realista y útil de los desafíos a los que nos enfrentamos, así como de algunos de los pasos que podríamos dar para abordarlos.

Es posible que en la actualidad seamos el convaleciente del mundo, pero sin duda no somos los únicos que nos enfrentamos a estos retos. El planeta entero ha sido sacudido por la COVID-19. Otros países que afrontaron profundos problemas estructurales en el pasado, desde España y Reino Unido en la década de 1970 hasta Alemania en la de 1990, se pusieron a la altura de las circunstancias, se esforzaron por progresar y, en cierto modo, son hoy irreconocibles. Quizá este sea el momento de que tomemos la iniciativa y le mostremos al mundo que existe un camino mejor. No necesitamos cambiarlo todo; de hecho, deberíamos vencer la tentación de derribar las instituciones, ideas y prácticas que tanto nos han beneficiado. Sin embargo, hay muchas cosas que deben transformarse antes de que nosotros, también, podamos tener nuestro momento bajo el sol.

Las dificultades de los últimos años, incluida la pandemia, dejarán un doloroso legado. A pesar de ello, si ese legado sirve para que América Latina aborde de forma adecuada los retos que se avecinan y, en última instancia, dé lugar a sociedades mejores y más justas, se podrá compensar parte del dolor.

LUIS ALBERTO MORENO
Washington D. C., enero de 2022

1

Abordemos el problema más grave que afecta a nuestra región

En el norte de Bogotá, detrás de azaleas rosadas, arbustos de madreselva y una imponente garita de ladrillo y vidrio tintado, se encuentra el Country Club Los Lagartos.

Desde 1936, Los Lagartos ofrece clases de golf y natación —y, al parecer, un cierto estatus— a la alta sociedad de la capital colombiana. «¡Este es el lugar que convirtió a mi hijo en un caballero!», reza un comentario en una página de internet. El club es conocido en particular por su lago gigantesco, donde los botes de remos y los deportes acuáticos son muy populares.

A un paso de Los Lagartos, al otro lado del río Arzobispo, se encuentra el barrio de Santa Rosa. En la actualidad, Santa Rosa se parece a cualquier otro barrio latinoamericano de clase media más bien nuevo. Hay un enorme centro comercial, un parque acogedor a la orilla del río con ciclovías, bloques de apartamentos de gran altura y un supermercado Jumbo, perteneciente a la cadena chilena Cencosud; un pequeño ejemplo de la forma en que las economías latinoamericanas se han integrado poco a poco en las dos últimas décadas.

Sin embargo, en los años sesenta, cuando lo vi por primera vez, Santa Rosa era poco más que una maraña de casuchas, un lugar muy pobre; lo que los argentinos llaman «villa», los brasileños, «favela», y los colombianos, «comuna». No había electricidad, ni suministro de agua potable, ni escuela, ni centro de salud de ningún tipo. Y, de hecho, los únicos empleos que sus residentes conseguían estaban en la puerta de al lado, en Los Lagartos, donde trabajaban como cocineros, *caddies* y camareros.

En el transcurso de mi infancia, mi familia fue socia de Los Lagartos. Mi padre, Bernardo Moreno, había estudiado Medicina en la Universidad de Pensilvania, en Filadelfia. Yo nací allí; era el mayor de siete hijos. Cuando tenía cinco años, regresamos a Colombia para que mi padre pudiera emprender lo que, según sus planes, sería una larga carrera como cirujano. Sin embargo, pronto se sintió frustrado al darse cuenta de que las técnicas y parámetros médicos estaban muy por debajo de lo que había aprendido en Estados Unidos.

Como nunca fue un hombre tímido, se propuso realizar una serie de reformas ambiciosas para revolucionar por completo la medicina colombiana y empezó a recaudar fondos de fundaciones estadounidenses como la Rockefeller y la Macy para materializar dichas ideas. Con el paso del tiempo, se convertiría en decano de la facultad de Medicina de la Universidad Javeriana y ocuparía varios cargos en el Gobierno, incluido el de director de una entidad de bienestar familiar en la administración del presidente Misael Pastrana a principios de la década de 1970. Consideraba que el golf era un espacio para establecer contactos y una vía de escape, y veía Los Lagartos como una especie de santuario.

Para nosotros, los niños, era muy divertido. Recuerdo los helados gratuitos y la piscina olímpica. A mi madre, Marta Mejía Moreno, nunca le interesó Los Lagartos; no era de su agrado. No obstante, durante muchos años lo toleró, consciente de que era importante para mi padre.

Hasta que un día dejamos de ir.

En ese entonces tenía unos diez años. A partir de ese momento, cada vez que papá jugaba al golf, mamá nos llevaba al otro lado del río, a Santa Rosa, al barrio pobre.

No nos dio ninguna explicación. De hecho, no descubriría la verdadera razón sino al cabo de cincuenta años, cuando comencé a trabajar en este libro.

En aquellos primeros meses de visita a Santa Rosa, mi madre parecía interesada sobre todo en conocer a la gente. Caminaba por el barrio, con sus hijos a cuestas, mientras les preguntaba a las personas de dónde eran y cómo era su vida. Parecía una reportera.

Las historias que oíamos eran desgarradoras; esa gente se había desplazado desde zonas empobrecidas como el Chocó y el área rural de Antioquia, en su afán de huir del derramamiento de sangre causado por La Violencia, la terrible guerra civil que había acabado con la vida de al menos doscientos mil colombianos en la década de 1950. En esos años, América Latina se hallaba en un proceso de rápida transformación, y pasó de ser una sociedad en gran parte rural a otra de índole sobre todo urbana. La vida que los desplazados encontraron en Santa Rosa y en lugares similares de la periferia de otras grandes ciudades era sin duda mejor que la que habían dejado atrás, aunque seguía llena de dificultades enormes.

Las familias solían tener una docena o más de niños, pero poco o ningún dinero para alimentarlos. El hambre y la malnutrición reinaban y se evidenciaban en los ojos hundidos, el vientre abultado y la espalda arqueada de la gente. Incluso un aguacero moderado podía causar una pérdida considerable de vidas, pues el agua arrastraba hileras enteras de endebles casuchas de metal y cartón. Un número preocupante de niños de Santa Rosa sufrían ataques epilépticos. Nadie, ni siquiera los médicos de la beneficencia que los visitaban de vez en cuando, parecía entender la razón exacta.

Muy conmovida, mi madre empezó a recaudar dinero para construir un centro de salud y una escuela y efectuar otras mejoras modestas. Era una organizadora muy entusiasta, una persona moderna y adelantada a su tiempo, y se negaba a aceptar un «no» como respuesta. Al principio, el dinero llegó con cuentagotas y luego en cantidades más significativas, a pesar de que la filantropía nunca ha sido una causa popular en Colombia, ni en la mayor parte de América Latina, ni entonces ni ahora. La embajada de Estados Unidos donó fondos para construir una pequeña sala de cine, donde, antes de cada película, se emitían anuncios de interés público que daban consejos a la gente sobre higiene personal y formas de controlar el tamaño de la familia. Mi madre recuerda que, pese a sus reiteradas solicitudes, la junta directiva de Los Lagartos no quiso ayudar.

En ese entonces mi madre no era consciente de ello, pero sus proyectos en Santa Rosa la convirtieron en una inconforme en su propio ambiente. Aquello sucedía a principios de la década de 1960, justo después de la revolución de Fidel Castro en Cuba, que asustó a las élites de toda la región. Muchos percibían cualquier intento de ayudar a las masas «ignorantes» y «descamisadas», como se las llamaba, como una forma apenas velada de comunismo y, por tanto, peligrosa e incluso subversiva.

Mi madre se concentró de manera particular en el cierre de una cementera cercana que generaba una contaminación espantosa. Estaba convencida de que contribuía al alto índice de convulsiones y otras enfermedades de los niños de Santa Rosa. La fábrica resultó ser propiedad del esposo de su prima, lo que provocó una discusión familiar que nunca se zanjó por completo.

Creo que nada de eso le importaba a mi madre, al menos no tanto como debía de incomodar a otras personas. Algunos antepasados de su línea materna formaron parte del movimiento abolicionista colombiano del siglo XIX y se vieron obligados a exiliarse en Costa Rica. Su padre era propietario de una fábrica y después de estudiar en una universidad inglesa había regresado con ideas modernas sobre la forma de tratar a sus empleados. Entre otras cosas, les regalaba zapatos, algo considerado radical en ese entonces. Se podría decir que en nuestra familia había una vena tanto de igualitarismo como de propensión a llevar la contraria, pero no cabe duda de que para mi madre tuvo que ser difícil que la trataran como una alborotadora y una traidora a su clase.

Que Dios la bendiga, pues se mantuvo firme. A lo largo de los años, nuestra familia pasó innumerables días en Santa Rosa aportando su granito de arena. Cada vez que uno de los niños hacía la primera comunión, llevábamos ponqué y helado y lo celebrábamos con nuestros amigos. Mi madre terminó por ganarse la confianza de la comunidad y me parece que llegaron a considerarla como algo más que una intrusa adinerada. La escuela construida con los fondos que había ayudado a recaudar se mantuvo en pie durante muchas décadas.

¿Qué había conducido a todo ello?

Una tarde en Los Lagartos, mientras mi padre jugaba al golf, mi madre advirtió un pequeño grupo de personas a la orilla del emblemático lago del club. Todas estaban de pie, con las manos en la cadera, y hablaban en voz baja. Nadie parecía estar especialmente alterado; no había ningún apuro, pero era evidente que algo andaba mal.

Cuando mi madre se acercó y preguntó qué había pasado, le

dijeron que uno de los miembros del club había lanzado por error la bola dentro del agua. El hombre, al parecer, le había exigido a su *caddie*, un chico de Santa Rosa de no más de doce años, que fuera a recuperarla. El niño no sabía nadar y se había ahogado.

No se sabe si alguien intentó salvarlo. En la actualidad, la directiva de Los Lagartos afirma que no tienen constancia de este incidente, pero mi madre lo recuerda con toda nitidez. Por lo que sabemos, nunca se le imputó ninguna responsabilidad a nadie. Lo consideraron como un accidente más en una parte del mundo donde la vida de los pobres, con demasiada frecuencia, es considerada algo desechable.

«Después de eso no pude volver a Los Lagartos. No fui capaz —me dijo mi madre, indignada, años después—. Supongo que luego intenté, en una pequeña medida, expiar lo que había sucedido». Sin embargo, añadió, «no importaba lo que hiciéramos, nunca parecía ser suficiente».

Al cabo de más de cincuenta años, lo ocurrido en Los Lagartos todavía me parece la quintaesencia de la historia latinoamericana.

No es una historia de pobreza en sí misma. La pobreza está en todas partes; de hecho, es mucho mayor en zonas del sur de Asia y del África subsahariana. Lo que hace que la historia sea tan nuestra es el golfista que ordena al niño que se meta en el agua; el silencio de los demás miembros del club; la falta de interés de las autoridades; la desconfianza de los habitantes de Santa Rosa, que creían —con toda razón— que el Estado no estaba a su servicio; la forma en que vivían al margen no solo de grandes fortunas, sino de una economía, un gobierno y un sistema judicial activos. Podían verlo, y a veces incluso tocarlo, pero nunca formar parte de él.

Esas son las dinámicas corrosivas de una sociedad con la mayor brecha del mundo entre ricos y pobres. Esas son las dinámicas de la desigualdad. Y la desigualdad es un ámbito en el que, por desgracia, somos los campeones mundiales.

Según Oxfam, una organización benéfica británica que estudia estas cifras a escala mundial, incluso antes de la pandemia se estimaba que el 10 por ciento de las personas más ricas de América Latina poseían alrededor del 70 por ciento de la riqueza de la región. Es difícil saber cuál es la cifra real, puesto que muchas personas mantienen su riqueza en cuentas bancarias situadas en el extranjero y en otros lugares, pero el panorama general es innegable. En la década de 2000, la desigualdad en América Latina se redujo un poco debido al auge de las materias primas y a la expansión concomitante de la clase media. No obstante, incluso entonces éramos una región mucho más desigual que cualquier otra del mundo, y eso refleja las divisiones raciales, socioeconómicas y de género que se remontan a siglos atrás. La siguiente gráfica muestra la evolución del coeficiente de Gini, una medida de la distribución de los ingresos a escala global:

Desigualdad de las regiones en el mundo, 2000-2015

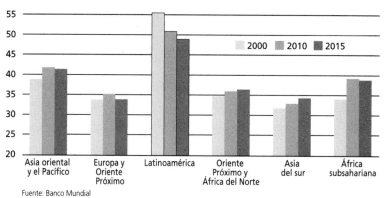

Fuente: Banco Mundial

Tras la Gran Recesión de 2008-2009, y ahora de nuevo por los efectos económicos de la COVID-19, la desigualdad se ha convertido en un tema que suscita un enorme interés mundial. Libros como *El capital en el siglo XXI*, de Thomas Piketty, y *El precio de la desigualdad*, de Joseph Stiglitz, analizan la creciente brecha entre ricos y pobres en todo el mundo occidental y advierten de que supone un peligro existencial para el capitalismo, e incluso para la propia democracia. Figuras tan disímiles como Donald Trump, Jeremy Corbyn y Bernie Sanders —y partidos como Podemos en España o el Movimiento 5 Estrellas en Italia— cobraron protagonismo con promesas de «drenar el pantano» de la corrupción y los manejos de los políticos en interés propio, de devolver la dignidad a los marginados de la economía moderna y de cerrar la creciente brecha entre las élites y la gente común.

En América Latina, observamos toda esta efervescencia, asentimos y suspiramos: «Sí, durante siglos hemos visto esta película». De hecho, inventamos al caudillo, al líder populista del estilo de Juan Domingo Perón, Hugo Chávez o Fidel Castro que llega y promete mayor igualdad, pero que acaba por destruir todo a su paso. Sabemos hasta qué punto las tensiones en torno a la distribución de la riqueza pueden hacer que el debate político parezca imposible y generar un odio profundo y duradero entre grupos diferentes. Ya hemos visto cómo pueden, en última instancia, destrozar una sociedad.

Esa es una razón de peso por la que muchos latinoamericanos se muestran reacios incluso a hablar de desigualdad. Quizá no haya ningún otro tema que nos provoque más rechazo, rabia y malestar. No solo la élite se empeña en evitar el asunto; también suelen hacerlo las clases populares, y es que ellas son las que han sufrido más en la medida en que muchas de las peores atrocidades cometidas en nuestra región en los últimos cien años se perpetraron en nombre de la eliminación de la brecha entre ricos y pobres. Grupos guerrilleros y movimientos armados como el Sendero Luminoso en Perú, el FMLN en El Salvador, los Montoneros en Argentina y las FARC en Colombia asesinaron a decenas de miles de personas con el objetivo declarado de crear una sociedad «sin clases». La respuesta de los gobiernos solía ser implacable y a menudo ilegal, lo cual dejó a su vez un enorme legado de muerte, tortura y sufrimiento.

Hoy en día, por fortuna, esos grupos violentos ya no existen, están muy debilitados o han hecho la transición a la política democrática. No obstante, hay otra historia de horror que se despliega ante nuestros ojos, una que muchos latinoamericanos ven como otra advertencia. Se trata de Venezuela, donde los esfuerzos del Gobierno por «nivelar el campo de juego» mediante expropiaciones y un gasto insostenible acabaron por ahuyentar a las empresas, a la inversión privada y a la mayor parte de la clase media. El resultado ha sido uno de los mayores desplomes económicos de la historia del mundo moderno por razones ajenas a la guerra.

Venezuela aún posee las mayores reservas de petróleo del planeta, pero ahora produce menos petróleo al día que el estado de Dakota del Norte. La desnutrición, el hambre, la opresión política y la escasez de medicamentos básicos han llevado a más de cuatro millones de venezolanos a emigrar desde 2015. La que solía ser una de las democracias más vibrantes de América Latina es ahora sin duda una de sus dictaduras más opresivas, solo comparable con la de Cuba. Si ese es el resultado de intentar abordar la desigualdad, se preguntan personas de todo el espectro social, ¿por qué preocuparse siquiera?

Admito que, durante mucho tiempo, también me resistí a afrontar el tema. Me parecía que la desigualdad, aunque era un problema innegable, no encabezaba la lista de los retos de América Latina. En cambio, consideraba que la reducción de la pobreza y la creación de empleo debían ser nuestras principales prioridades, sin necesidad de preocuparnos demasiado por la posición relativa de los más ricos. A decir verdad, temía que hacer hincapié en la desigualdad fuera como abrir la caja de Pandora, un juego de suma cero que al final nos dejaría a todos más pobres. Estoy seguro de que el hecho de haber crecido en Colombia, y de haber visto a grupos como las FARC causar estragos durante mucho tiempo, influyó en mis opiniones.

Sin embargo, en el curso de los años ocurrieron muchas cosas que me hicieron cambiar de opinión. Al viajar por América Latina y el mundo he constatado cuán diferentes somos en realidad. He llegado a comprender la amplia gama de políticas que podrían ayudarnos a abordar la desigualdad dentro de los límites de la democracia y el capitalismo moderno. Por último, unos meses antes de la pandemia, se produjo un acontecimiento fundamental que, en mi opinión y en la de muchos otros, demostró que no podíamos ignorar el problema durante más tiempo. Este hecho evidenció de una vez por todas hasta qué punto la desigualdad es lo más grave que padece América Latina. Reveló que tendríamos que encontrar una forma de abordarlo de manera eficiente, incluso con los riesgos que ello podría acarrear. Porque, de no hacer algo, iba a terminar por consumirnos de todos modos.

Un viernes, al atardecer, el WhatsApp de mi teléfono empezó a bullir con mensajes procedentes de toda América Latina y también de amigos residentes en Estados Unidos y Europa. Al principio fueron unos pocos, luego docenas y al final demasiados para contarlos, todos más o menos iguales:

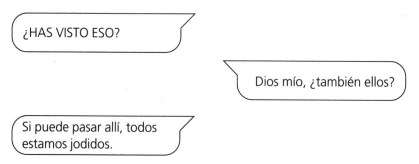

¿HAS VISTO ESO?

Dios mío, ¿también ellos?

Si puede pasar allí, todos estamos jodidos.

El motivo de todo ese revuelo era el vídeo de un edificio de dieciocho plantas que las llamas consumían, mientras una multitud aplaudía eufórica desde el otro lado de la calle. Al principio pensé que era un fragmento de una película de Hollywood. Pero el incendio era real y tenía lugar en la emblemática sede de la empresa de energía Enel, en el centro de Santiago de Chile. Unos manifestantes habían incendiado el edificio aquella noche de octubre de 2019, junto con varias estaciones de metro, supermercados, bancos y autobuses en toda la ciudad. De hecho, parecía que toda la capital de Chile había ardido de manera espontánea.

Todavía es difícil describir lo impactantes que resultaron esas imágenes para la mayoría de los latinoamericanos. He viajado a Chile en numerosas ocasiones y, si uno es originario de un país como Colombia, siempre tiene la sensación de estar de visita en la casa de un hermano que todo lo hizo bien: fue a la escuela, estudió mucho y, a la larga, triunfó. En comparación con otros países, Santiago está repleto de infraestructuras nuevas: túneles, líneas de autobús y trenes. Las deslumbrantes torres de oficinas y los bloques de apartamentos se alzan contra los Andes cubiertos de nieve, que se pueden divisar cuando la lluvia lava el esmog. Es un país vinícola, de turismo de aventura y deliciosos mariscos extraídos del océano Pacífico. A veces, al entornar los ojos, es casi posible imaginar que uno se encuentra en Madrid o en el norte de California.

Desde que tengo uso de razón, Chile ha sido un «modelo» de progreso en América Latina, y no solo en el sentido que complace a los llamados «neoliberales». En las décadas de 1990 y 2000, la economía chilena creció a menudo a un ritmo superior al 6 por ciento anual, al tiempo que la pobreza también se reducía de manera drástica, del 39 al 8 por ciento. Los indicadores sociales mejoraron mucho y la esperanza de vida llegó a ser la más alta de Sudamérica cuando alcanzó los ochenta años. A medida que la clase media se expandía, el número de estudiantes matriculados en la educación superior se disparó de 250.000 a 1,2 millones. El PIB per cápita se elevó a unos 25.000 dólares, casi a la par de las economías del sur de Europa. En una región en constante crisis, Chile parecía nuestro remanso de paz. Ha sido sin duda alguna nuestro mayor logro en los últimos treinta años.

Entonces ¿por qué diablos había de repente cientos de miles de personas en las calles que exigían no solo un cambio, sino un cambio revolucionario, una nueva Constitución, un nuevo Gobierno y un nuevo orden social?

Según la prensa chilena, parecía que el detonante de las protestas había sido un incremento de las tarifas de los autobuses: treinta pesos chilenos, o unos cuatro centavos de dólar, hasta alcanzar un valor final de 1,17 dólares por trayecto. Si bien este no era un motivo suficiente para incendiar la ciudad, al parecer dejó al descubierto una gran cantidad de quejas adicionales. En las entrevistas, los manifestantes citaron una y otra vez los deficientes servicios sanitarios y las bajas pensiones, o la enorme e insostenible deuda estudiantil de esa generación de chilenos que fue la primera en matricularse en la universidad. Casi todo giraba en torno al mismo tema de siempre: la brecha entre ricos y pobres y la sensación de que gran parte de la sociedad chilena estaba atrapada al margen, incapaz de llegar a la tierra prometida de la prosperidad de la clase media. «No se trata de treinta pesos, sino de treinta años», señalaba un eslogan, en alusión a las políticas que Chile había adoptado desde la década de 1980.

Este tipo de retórica provocó una reacción sin precedentes, en particular en el seno de la élite empresarial de América Latina. Cuando las manifestaciones se extendieron, casi todos los habitantes de la región —ya fueran argentinos, mexicanos, brasileños o guatemaltecos— se formaron una opinión definida sobre los disturbios en Chile. Muchos pensaron que los manifestantes eran un grupo de mocosos malcriados, *millennials* que habían pasado demasiado tiempo en Instagram y que tenían la expectativa ilusoria de convertir a Chile en un Estado asistencial de tipo escandinavo.

Otros culparon a la izquierda radical, a los acérrimos militantes que nunca renunciaron a los ideales socialistas de Salvador Allende, el líder al que Augusto Pinochet derrocó por medio de un golpe militar en 1973. Algunos incluso acusaron a los servicios de inteligencia de Venezuela y Cuba de estar interesados en empañar las historias de relativo éxito de América Latina para desviar la atención de sus propios problemas.

¿Qué se podía hacer al respecto? Llamé a Sebastián Piñera, el presidente de Chile, que ya se encontraba en su segundo mandato. Siempre le había considerado uno de los dirigentes más competentes de la política latinoamericana. Incluso después de llegar al máximo cargo del país, daba la impresión de ser un estudiante sobresaliente que nunca dejaba de aprender. Llevaba consigo un lápiz rojo y negro para tomar apuntes y una regla para subrayar lo que leía. Su respuesta tranquila, metódica y con fundamento científico al accidente de 2010, que permitió el rescate de treinta y tres mineros al cabo de más de dos meses de que estuvieran atrapados bajo tierra, le granjeó admiradores en todo el mundo.

Pero ahora Piñera parecía tan desconcertado como todos los demás. Estaba en el ojo del huracán y su índice de aprobación se desplomó en el transcurso de los días de la protesta hasta llegar al 7 por ciento en un sondeo de opinión. Por uno de esos azares del destino que tan a menudo definen la historia, Piñera era además un multimillonario que había amasado su fortuna en el sector de las tarjetas de crédito y las aerolíneas. Aunque no hubiera sido el presidente, habría sido un símbolo viviente de los motivos de indignación de los manifestantes chilenos. Piñera reaccionó de manera agresiva y llegó a equiparar el enfrentamiento con los manifestantes a una «guerra con un enemigo poderoso e implacable».

Esto solo sirvió para que la población se indignara aún más. Un día de octubre, 1,2 millones de chilenos salieron a las calles de Santiago. En cualquier lugar sería una cifra asombrosa, pero lo fue aún más en un país de apenas diecisiete millones de habitantes.

Ya no quedaba duda alguna: no se trataba de unos cuantos manifestantes, ni de agentes de la inteligencia venezolana, ni siquiera de gente de la izquierda ideológica. No, era un estridente clamor por un cambio fundamental que provenía de una amplia franja de la sociedad chilena. ¿Estarían Piñera y su Gobierno dispuestos a responder a esas demandas? En la confusión del momento, dadas las pasiones que el tema despertaba, era casi imposible acceder a información objetiva. En el Banco Interamericano de Desarrollo (BID), al igual que en muchos otros lados, las protestas nos tomaron por sorpresa. Sin embargo, cuando examinamos los datos y estudiamos la situación que se vivía de veras en Chile, lo que encontramos bajo la superficie nos sorprendió incluso a nosotros mismos.

Para empezar, Chile era en realidad una sociedad de una profunda desigualdad, incluso para los estándares de América Latina. Aunque la brecha entre ricos y pobres sí que se había reducido un poco durante la década de 2000, Chile todavía era uno de los quince países más desiguales del mundo; estaba por debajo incluso de Brasil, Nigeria y México en ese aspecto. Según un informe, alrededor del 1 por ciento de los chilenos poseían un tercio de la riqueza del país. Por su parte, la mitad más pobre de la sociedad solo era dueña de algo así como el 2 por ciento.

De acuerdo, podrían replicar algunos, ¿y qué? ¿Acaso la pobreza no había disminuido de manera considerable en las tres décadas anteriores? ¿No se trataba de una especie de pacto con el diablo? ¿No era preferible tolerar una alta desigualdad a cambio de tener una economía tan dinámica como la de Chile? Son preguntas justas, que también me planteé. Pero descubrimos que las estadísticas convencionales no describían ni por asomo lo injusta que era la sociedad chilena. La desigualdad había ayudado a ocultar la verdadera situación de muchos chilenos. Y había lecciones que aprender para toda la región.

A modo de ejemplo, consideremos la esperanza media de vida. La de Chile, que llega a los ochenta, es casi cinco años superior a la cifra promedio de América Latina y el Caribe. Sin embargo, este es también un ejemplo de lo que oculta el promedio, en que el simple cálculo de la media de un grupo de cifras puede ocultar disparidades enormes. En Santiago, la esperanza de vida de una mujer pobre nacida en una zona de bajos ingresos era, por increíble que parezca, unos 17,7 años menor que la de una mujer rica de otra zona de la ciudad, según una investigación de *The Lancet* publicada en 2019. En las sociedades desarrolladas de Europa occidental y Estados Unidos, la brecha en la esperanza de vida en función de los ingresos oscila entre los seis y los diez años, según estudios similares; aunque todavía es alta, en ningún caso es comparable con los datos de América Latina.

Las sociedades están —a veces— dispuestas a tolerar este tipo de disparidades si la gente cree que tiene la oportunidad de mejorar su posición en la vida; si cree que puede prosperar valiéndose por sí misma, por utilizar una típica expresión estadounidense. Estados Unidos es sin duda una versión imperfecta de dicha visión, pero en la mayor parte de América Latina ni siquiera estamos cerca de ello. Un estudio reciente de la OCDE analizó decenas de países de todo el mundo en un intento de calcular el tiempo que suele tardar una persona pobre en ascender a la clase media. En los países nórdicos, como Dinamarca o Suecia, se estimó que se necesitan dos o tres generaciones, y el promedio mundial fue de cinco. Sin embargo, en Chile fue de seis, en Brasil de nueve y en Colombia de unas asombrosas once generaciones, el peor dato de todos los países estudiados.

Pues bien, podría afirmar un escéptico: si se estudia, se aprende y se asciende. Pero la movilidad social aún es esquiva en América Latina, a pesar de que los niveles de educación han mejorado de manera sustancial en las últimas tres décadas. Por citar dos países, el 74 por ciento de los brasileños y el 82 por ciento de los colombianos nacidos en los años ochenta superó a sus padres en cuanto al progreso escolar. En Chile, muchas de las personas que protestaban en las calles eran las primeras de su familia que habían asistido a la universidad. En general, en América Latina el porcentaje de jóvenes matriculados en la enseñanza superior se ha más que duplicado desde 1990, según el Banco Mundial, un avance que ninguna otra región del mundo ha podido igualar. (Nota: por desgracia, estas cifras se han deteriorado a ojos vistas desde la pandemia, como comentaré más adelante). Aun así, muchas personas, incluso después de años de estudio, todavía se sienten por completo incapaces de alcanzar una vida estable en el seno de la clase media.

De hecho, los datos de Chile pusieron al descubierto la realidad de las personas que de veras intentaban «hacer lo correcto», mediante el estudio y el ahorro, pero que seguían sin lograr disfrutar de una existencia lo bastante estable y segura. Una de las principales quejas de los manifestantes se refería a las pensiones. El sistema privado de Chile, que data de la década de 1980, se planteó durante mucho tiempo como un modelo y fue adoptado por veintidós países de todo el mundo; en 2005 el presidente George W. Bush lideró un intento fallido de emular muchos de sus aspectos en Estados Unidos. Los defensores del sistema prometieron que los chilenos podrían jubilarse con el 70 por ciento de su salario, pero en la práctica muchos solo recibieron del 20 al 30 por ciento. El monto medio percibido por las mujeres fue aún más bajo. Esto condujo a los chilenos de la tercera edad a llevar una vida en extremo desarrapada y vulnerable. La tasa de suicidio entre las personas de entre setenta y ochenta años en Chile resultó ser la más alta de todos los grupos. Algunos de los manifestantes de Santiago llevaban fotos de familiares mayores que se habían suicidado para no agobiar a los jóvenes con sus problemas.

A la larga, no faltaron cifras ni anécdotas para ilustrar la situación. No obstante, el hilo conductor, si de verdad se escuchaba a la gente, era bastante simple: demasiados chilenos se sentían excluidos de la sociedad. Pensaban que una élite cerrada, que no estaba dispuesta a compartir sus privilegios, les negaba cualquier oportunidad, que, por mucho que trabajaran o estudiaran, no podrían avanzar más.

Y los datos sugerían que tenían razón.

Es posible que en el pasado los políticos pudieran mantener a raya este tipo de tensiones. No obstante, dos nuevos factores explican por qué llegaron a un punto crítico en 2019. Uno de ellos fue el de las redes sociales, que han permitido ampliar la perspectiva de lo que es en realidad una vida de clase media en nuestra región y en todo el mundo. El otro, un tanto perverso, fue la prosperidad de la primera década de este siglo. Las decenas de millones de latinoamericanos que salieron de la pobreza durante ese periodo están por completo decididos a que sus vidas no dejen de mejorar y están dispuestos a luchar para lograrlo. Cuando el auge de las materias primas llegó a su fin y nuestras economías se ralentizaron, esa batalla se convirtió en una realidad.

De hecho, casi al mismo tiempo que las protestas en Chile, manifestaciones similares estallaron en Colombia, Ecuador, Perú y otros países. Ello provocó una nueva oleada de negación entre algunos de nuestros líderes empresariales y políticos, aunque no fue el caso de todos. La primera dama de Chile, Cecilia Morel, se hizo eco de lo pensado por muchos cuando le comentó a un amigo, en un mensaje de audio privado que se filtró a la prensa chilena: «Tendremos que disminuir nuestros privilegios y compartirlos con los demás».

Su esposo, el presidente Piñera, no tardó en adoptar la misma postura. En un giro inesperado, se disculpó por lo que llamó «falta de visión» de su Gobierno y anunció un aumento del 20 por ciento de la pensión básica y un salario mínimo más alto. Lo más radical de todo fue el anuncio de Piñera de que Chile celebraría un referéndum para decidir si se redactaba una nueva Constitución que intentaría ofrecer mejores garantías en materia de servicios públicos y movilidad social. Un año después, en octubre de 2020, el 78 por ciento de los chilenos se pronunciaron a favor. La nueva carta magna se someterá a votación popular en 2022.

Ahora bien, seamos sinceros: un proceso de ese tipo conlleva grandes riesgos. Existe la posibilidad de que Chile, al intentar abordar sus desigualdades, acabe por prometer a los ciudadanos más de lo que puede permitirse y gripe los motores que hicieron que su economía fuera tan dinámica en años anteriores. Garantizar los derechos y privilegios en las constituciones no significa necesariamente que estas existan. Bolivia, Brasil y Venezuela han redactado cartas progresistas desde hace unos treinta años, con magnas promesas que no han podido materializarse.

Sin embargo, el abrumador resultado a favor del referéndum pone de relieve el enorme deseo de cambio que observamos en muchos de nuestros países. Poco tiempo atrás, las protestas siguieron estallando en muchos países, como Colombia, tras una breve pausa durante la pandemia. De hecho, esta última ha acentuado muchísimo el descontento subyacente de muchos latinoamericanos, así como la propia desigualdad generalizada. No todos los países necesitarán una profunda reforma constitucional para afrontar las consecuencias, pero, a menos que se produzca un cambio fundamental que permita reducir con el paso del tiempo la brecha entre ricos y pobres, no cabe duda de que los latinoamericanos volveremos a estar como antes, atrapados en la misma espiral de desasosiego, disfunción política y malestar económico.

Ante este círculo vicioso de retroalimentación interminable, muchos se han dado por vencidos. Me entristece decir que mi madre es uno de ellos. Después de todos sus esfuerzos por mejorar las condiciones en Santa Rosa y en otros lugares de Colombia, terminó por rendirse y se trasladó al sur de Florida en diciembre de 1971. Vuelve al país solo de vez en cuando, para asistir a bodas y otras grandes celebraciones familiares. «No lo añoro —dice—. Simplemente perdí la esperanza de que las cosas mejoraran».

La buena noticia es que, en lo que respecta a la reducción de la desigualdad, disponemos de un conjunto de pruebas sobre lo que funciona y lo que no lo hace. A pesar de los temores de la población, es posible reducir la inequidad en el marco del capitalismo y la democracia modernos al tiempo que se evita cualquier cosa parecida a las catástrofes de Cuba y Venezuela. Muchas de las mejores soluciones no son del todo atractivas; solo algunas suenan maravillosas cuando se proclaman durante una campaña electoral o aparecen en un anuncio de televisión. Todas requieren ciertos conocimientos técnicos... y un ingrediente concreto que es clave.

En algunos países, la reducción de la desigualdad comportará a buen seguro un aumento de los impuestos a los miembros más acomodados de la sociedad. La idea dista mucho de ser una solución socialista, ya que incluso el FMI defendió en fecha reciente la necesidad de incrementar el impuesto sobre la renta y el de sociedades en varios países. Muchas naciones latinoamericanas ya tenían problemas de recursos antes de la pandemia. En la región, la recaudación fiscal media fue del 23,1 por ciento del PIB en 2018, en comparación con el 34,3 por ciento de media entre los miembros de la OCDE, cuyos integrantes son en su mayoría ricos. Países como Guatemala, México y Perú tenían ratios de impuestos sobre el PIB que ascendían a apenas alrededor del 15 por ciento.

Aumentar los impuestos no es fácil desde el punto de vista político. No obstante, existen antecedentes de que las élites latinoamericanas están dispuestas a contribuir cuando creen que una crisis lo exige y confían en que el dinero se utilizará para un fin que valga la pena. En 2002, cuando el Gobierno de Colombia se enfrentaba a una grave crisis presupuestaria y de seguridad, el presidente Álvaro Uribe, líder y visionario, forjó un consenso en torno a un impuesto único del 1,2 por ciento sobre los activos líquidos de las personas con mayores ingresos. Uribe, un conservador, lo consiguió tras reunirse varias veces con los líderes empresariales para explicarles la necesidad del impuesto, su asignación explícita a una causa específica y el permiso que concedería a los contribuyentes de controlar casi en tiempo real la forma en que se gastaban los recursos.

Este es un modelo que muchos países podrían seguir en la actualidad. En aquellos donde los impuestos ya son elevados, como Argentina y Brasil, será necesario realizar una reforma presupuestaria para garantizar que los recursos se asignen a la sanidad, la educación y la inversión y no a las exorbitantes nóminas gubernamentales o a las insostenibles pensiones. La reforma llevada a cabo en Brasil en 2019, que recortó algunas de las pensiones de jubilación más generosas del mundo, fue un paso positivo en esa dirección.

Otra opción que vale la pena considerar es la ampliación de los programas sociales que proliferaron en la primera década de este siglo. El ejemplo más famoso es Bolsa Familia, la iniciativa vinculada al expresidente de Brasil Luiz Inácio Lula da Silva.

Estos programas depositan una pequeña suma de dinero en efectivo —apenas veinte dólares al mes— en el bolsillo de la gente. A veces están «condicionados», es decir, la gente recibe el dinero a cambio de un comportamiento constructivo, como mantener a sus hijos en la escuela o vacunarlos, conductas que también ayudan a mejorar la calidad de vida a largo plazo.

Desde su aparición en la década de 1990, estos programas han sido muy populares, y ello por razones obvias: ayudaron a garantizarles a nuestros ciudadanos más pobres una red de seguridad mínima y, por supuesto, a los políticos también les encanta promoverlos. En 2013, unos 137 millones de latinoamericanos recibían subsidios monetarios. Para esas personas, constituían por término medio entre el 20 y el 25 por ciento de sus ingresos. Ese dinero representaba una gran diferencia en su vida, aunque en realidad no resultaba muy costoso para los gobiernos. De hecho, antes de la pandemia, nuestra región solo gastaba el 1,6 por ciento del PIB en subsidios monetarios y pensiones no contributivas, más o menos un tercio de lo que destina a ello un país medio de la OCDE. En otras palabras, es posible que haya margen para ampliar la red de seguridad de forma que proteja a los más vulnerables sin dejar de apoyar a la economía en general.

Siempre ha existido la preocupación de que regalar dinero en efectivo disuada a la gente de trabajar. Sin embargo, numerosos estudios han analizado este asunto y casi todos indican que en realidad es algo que no sucede; tal vez porque la mayoría no da tanto dinero, o tal vez, como creo, porque la mayoría de la gente siente un fuerte impulso por trabajar, sean cuales sean sus circunstancias. En cualquier caso, un reciente análisis del BID estimó que en general, si se observa la disminución de la desigualdad a lo largo de la década de 2000, alrededor de un tercio de esa mejora fue fruto de estos programas de subsidio monetario.

Cuando llegó la pandemia, muchos países recurrieron a programas de ayuda con dinero en efectivo para aliviar el cese repentino de la actividad económica mientras la gente estaba en cuarentena y durante los difíciles meses posteriores. Brasil volvió a ser líder en este sentido, al entregar a muchos ciudadanos seiscientos reales al mes, unos 115 dólares al tipo de cambio de esos días. Quizá no parezca mucho, pero resultó transformador para millones de personas; la pobreza extrema se redujo en Brasil en los primeros meses de la pandemia. Incluso hubo un auge de la construcción en las zonas más pobres del país, donde el dinero llegó aún más lejos. Por cierto, todo esto sucedió a pesar de que el presidente Jair Bolsonaro pertenecía a la derecha ideológica (y había sido un gran opositor de Bolsa Familia durante muchos años antes de asumir el cargo). Durante la pandemia también vimos crecer los programas de subsidio monetario en Argentina, Perú y otros países.

Gracias a su éxito, se ha pedido que estos programas sean semipermanentes, o incluso que se conviertan en una renta básica universal, o RBU. Se trata de una idea ambiciosa que puede tener sentido en América Latina, sobre todo si la recuperación económica es lenta; un estipendio estatal puede marcar la diferencia entre morirse de hambre o salir adelante. Me pregunto si el hecho de darle a esta medida un genuino carácter «universal» es la mejor forma de emplear los recursos en un momento de gran necesidad; parece que un enfoque dirigido a los más vulnerables tendría más sentido.

Sin embargo, en cualquier caso, es necesario precisar algo: aunque los subsidios monetarios han sido eficientes, esta no ha sido la mejor manera de reducir a largo plazo la pobreza o la desigualdad. Un estudio histórico realizado en 2017 por mi colega del BID Julián Messina y por Joana Silva, economista del Banco Mundial, puso al descubierto que durante la década de 2000 el factor más importante para reducir la desigualdad no fueron el aumento de las prestaciones sociales y los planes de pensiones ni la situación demográfica, sino el incremento del salario de las personas.

Aún más interesante fue lo que hizo, y lo que no hizo, que los salarios crecieran. El estudio encontró que los esfuerzos del Gobierno para forzar un aumento del salario mínimo propiciaron el incremento de los salarios en algunos países, como Brasil, pero no en otros, como Perú. En cambio, Messina y otros descubrieron que el factor que producía un mayor aumento de los salarios era —sorpresa— el crecimiento económico.

Esto sugiere que, para abordar a fondo el problema, en los próximos años vamos a necesitar una combinación de políticas inteligentes de «izquierda» y de «derecha» y de todo lo que haya en medio. Debemos preocuparnos no solo por redistribuir la riqueza, sino también por impulsar el crecimiento de la economía.

Así pues, a largo plazo, la reducción de la inequidad y el impulso del crecimiento económico requerirán un amplio abanico de cambios, muchos de los cuales analizaré con más detalle a lo largo de este libro. Sin embargo, estoy seguro de que el mayor reto es un cambio de mentalidad. Tenemos que dejar de esperar a que los Chiles y los Lagartos nos sorprendan y acaben por desestabilizar a nuestros países. Necesitamos superar nuestros viejos traumas, temores y prejuicios; superar los viejos debates del siglo XX sobre los ismos y adoptar lo que funciona de verdad. Mi mayor temor es que en los próximos meses y años nuestros líderes hablen de labios para afuera de la necesidad de abordar la desigualdad —porque es «políticamente correcto» y sin duda un periodo de crisis profunda—, pero que en última instancia no hagan nada significativo.

Hace unos años, en un viaje a Buenos Aires, visité la Villa 31, situada en el centro de la ciudad, justo detrás de Retiro, la estación ferroviaria. Más de cuarenta mil personas viven en la Villa 31, en un laberinto de casuchas de madera y hojalata, apiladas literalmente unas encima de otras. Durante muchos años no hubo alumbrado público ni un sistema de alcantarillado; apenas había calles pavimentadas. A solo unos cientos de metros, separado por las vías del tren y una gran autopista, se encuentra el barrio de Recoleta. Este es el lugar en el que la gente suele pensar cuando llama a Buenos Aires el «París de Sudamérica», donde se encuentran el hotel Alvear, de cinco estrellas, así como numerosas *boutiques* y terrazas de café. A mi juicio, es el ejemplo más crudo de desigualdad en toda la región.

Durante mis años en el BID, financiamos varios proyectos en la Villa 31 como parte de los esfuerzos del alcalde de Buenos Aires, Horacio Rodríguez Larreta, y antes de él de Mauricio Macri, para integrar por completo el barrio en el resto de la ciudad. Ayudamos a financiar redes de alcantarillado, carreteras y otros proyectos. En aquella visita, Rodríguez Larreta y yo discutimos los planes para construir una nueva sede del BID en Buenos Aires, un edificio que también serviría de puente peatonal entre la Villa 31 y el resto de la ciudad. El proyecto, suspendido más tarde por preocupaciones presupuestarias, habría permitido a los residentes pasar a pie por encima de las autopistas y las vías férreas que hasta entonces les separaban de Recoleta y, además, utilizar el transporte público para llegar a sus puestos de trabajo y los servicios de otros lugares de la ciudad.

Hablamos del proyecto en una rueda de prensa que, en una Argentina obsesionada con las noticias, fue transmitida en directo por varias emisoras. Todo el mundo parecía sonreír y estar encantado con la idea. Unas horas más tarde, mientras caminaba por Recoleta, una pareja mayor me reconoció.

—¿Es usted Moreno? —me preguntó el hombre.

—Sí, soy yo —dije, animado.

—Está loco de remate —dijo excitado, señalándome con un dedo—. Toda esa gente de la villa va a venir aquí y lo va a arruinar todo. No construyan ese puente.

Estaba demasiado aturdido para responder. Pero no debería haberlo estado.

Cincuenta años después de la tragedia de Los Lagartos, muchas cosas han cambiado en América Latina.

Pero no lo suficiente. Todavía no.

2

Comerciar con nuestros vecinos en lugar de pelearnos con ellos

La historia tiene sus ironías: una de las disputas diplomáticas más fuertes que he visto en mi vida, en la que varios presidentes de nuestra región estuvieron a punto de agredirse a puñetazos, en sentido literal, tuvo lugar en una conferencia conocida como Cumbre de la Unidad de América Latina y el Caribe.

Fue en 2010 y teníamos motivos de sobra para reunirnos. Un terremoto terrible había golpeado Haití apenas unos meses antes, con un saldo de más de cien mil muertos y una catástrofe humanitaria en pleno desarrollo. Había una crisis política en Honduras y nuestra economía todavía luchaba por superar las repercusiones de la Gran Recesión. Una respuesta coordinada a estos tres problemas, y a algunos otros, habría constituido una ayuda inestimable.

Cuando nos reunimos con motivo de la cumbre, un encuentro de mandatarios convocado por el presidente mexicano Felipe Calderón en Cancún, creo que todos intuíamos que la tensión estaba a punto de estallar.

Había unos cuantos puntos potenciales de confrontación entre los países presentes, pero el mayor conflicto se daba entre Venezuela y Colombia. Se trataba de otra ironía; es posible que no haya dos países vecinos en América Latina con tanto en común. Durante un tiempo, en el siglo XIX fuimos una sola nación, la «Gran Colombia». Incluso hoy compartimos acentos similares, una frontera permeable de 2.250 kilómetros de longitud, un libertador, Simón Bolívar, y —tal vez lo más evidente— un amor común por las arepas. Nuestras economías están estrechamente vinculadas. Esta relación debería ser sin duda uno de los principales pilares de una Sudamérica unida y armoniosa, y así lo ha sido en algunos momentos de nuestra historia, hecho que mi esposa, la venezolana María Gabriela Sigala, no deja nunca que olvide.

No obstante, durante la mayor parte del siglo XXI dicha hermandad se ha visto ensombrecida por frecuentes y desagradables enfrentamientos. Cuando nos reunimos en Cancún, los medios de comunicación presentaron el enfrentamiento como un duelo entre dos de las personalidades políticas más fuertes que América Latina ha visto en los últimos cien años, el colombiano Álvaro Uribe Vélez y el venezolano Hugo Chávez.

En 2010 el enfrentamiento fue mucho más allá del carácter de sus presidentes; se trataba de dos países que iban en direcciones opuestas. Venezuela se precipitaba al vacío tras el auge del petróleo e iba camino de convertirse en una dictadura absoluta. Colombia, por su parte, lograba por fin poner bajo control su seguridad tras décadas de violencia, a la vez que experimentaba el mayor auge económico de su historia más reciente. Uribe actuaba con firmeza contra los grupos guerrilleros como las FARC y el ELN, a los que Chávez no solo les mostraba su simpatía, sino que además les brindaba apoyo político y económico. En esta última confrontación, Chávez había decidido tomar represalias y presionó a Colombia en el punto más doloroso: atacó lo que más nos conecta. Decretó un embargo comercial unilateral contra Colombia que hizo que las exportaciones entre las dos economías se desplomaran un 70 por ciento.

Y así fue como acabamos en la sala de conferencias de aquel hotel. Era un almuerzo «solo para presidentes», pero también me habían invitado para conversar sobre la reconstrucción de Haití. No obstante, poco después de su inicio, los debates tomaron una dirección inesperada.

Provocado una y otra vez por Chávez, Uribe tomó la palabra y empezó a hablar del embargo comercial que Estados Unidos aplica desde hace décadas a Cuba. Al principio no entendí por qué, pero luego —supongo que de forma astuta— dio un giro. «Así como todos en esta sala se oponen al embargo contra Cuba, todos deberían oponerse ahora al embargo de Chávez contra Colombia», dijo Uribe, y calificó al venezolano de «hipócrita» por sus acciones.

Al parecer, esa fue la gota que colmó el vaso de Chávez. «Esto es típico de Uribe. No voy a escuchar esto —afirmó, poniéndose de pie—. Váyase al carajo. Me voy». Uribe exclamó: «¡Miren! ¿Lo ven? ¡Ese es Chávez! No se vaya, no sea cobarde, después solo me va a insultar desde la distancia. ¡Sea hombre!».

En ese momento, todo el mundo en la sala empezó a gritarse. Alarmado por el griterío, el equipo de seguridad de Chávez intentó entrar por la fuerza en el recinto, pero la guardia presidencial mexicana, el Estado Mayor Presidencial, que es en realidad un ejército en sí mismo, bloqueó de inmediato las puertas. Ahora había guardias armados que se empujaban y se gritaban, al igual que todos los presidentes.

Observé todo lo que pasaba con creciente preocupación, mientras desde mi teléfono, debajo de la mesa, le enviaba mensajes de texto a Uribe, instándolo a que rebajara el tono al menos un poco. Le dije que iba a llegar tarde a una reunión con Cristina Kirchner, la presidenta de Argentina. Pero Uribe me contestó: «¡Luis Alberto, no puedes irte! Necesito un testigo de esta conversación».

Como el alboroto no amainaba, Raúl Castro, el presidente de Cuba, se levantó y habló de la manera más sosegada posible. «Esta es una discusión ridícula —dijo—, y creo que no nos hace ningún bien». Esto pareció apaciguar momentáneamente a Chávez —siempre seguía el consejo de Castro—, y la sala se calmó un poco.

Pero, por desgracia, acto seguido Daniel Ortega, el antiguo sandinista que se había convertido en presidente de Nicaragua, se levantó y señaló con el dedo a Uribe. «¡Todo es culpa suya! Al menos debería callarse».

Uribe le respondió también con el dedo levantado. «¡Me ocuparé de usted en un minuto! —dijo—. Primero déjeme terminar con Chávez».

En ese momento, un par de presidentes levantaron los puños y empezaron a ponerse en posición de pelea, como si en realidad fuera a librarse una trifulca.

Por último, Calderón, el presidente mexicano y anfitrión de la cumbre, logró apaciguar los ánimos. «¡Siéntense todos! ¡Siéntense todos, por favor! —les pidió—. ¡Tenemos que ser capaces de discutir estos temas!». Y se ofreció a organizar un grupo de países neutrales para mediar en la disputa. Por fin, la tensión disminuyó, la reunión se dio por terminada y cada uno se fue por su lado.

Fue una situación lamentable para nuestros países. Recuerdo que al final Calderón sacudía la cabeza avergonzado, mientras se lamentaba: «Pues aquí estoy, tratando de organizar una reunión sobre la unidad de las Américas» a raíz del terremoto de Haití. Y tenía razón. La reunión acabó por separarnos en lugar de unirnos. En un cable diplomático que se filtró después, el Gobierno estadounidense informó de que en la cumbre «no se consiguió nada concreto», ni sobre Haití ni sobre ninguna otra cosa. Ese mismo cable citaba a un funcionario colombiano que calificaba el enfrentamiento como «la peor muestra del discurso propio de una república bananera, que culpa a los demás de todos los problemas de la región».

Más adelante siempre recordé momentos como ese, cuando estábamos sentados en reuniones del BID y nos estrujábamos la cabeza y tratábamos de entender por qué no había más vínculos e integración entre las economías latinoamericanas. ¿Por qué no teníamos más comercio, más puentes que nos conectaran, más líneas férreas? Pues bien, este tipo de enfrentamientos eran una razón de peso.

Debo precisar que la mayoría de las reuniones regionales a las que asistí estuvieron exentas de este tipo de enfrentamientos. Muchos de nuestros líderes han desarrollado estrechas relaciones de trabajo, incluso de amistad, a pesar de las diferencias ideológicas.

Aun así, incluso en la actualidad, siguen produciéndose otros episodios en que estas intrigas y desacuerdos nos separan y tienen consecuencias en el mundo real. Durante casi todo 2020, los presidentes de Argentina y Brasil se negaron a dirigirse la palabra. Jair Bolsonaro llamó «bandido de izquierda» a Alberto Fernández, dijo que Argentina «había tomado una mala decisión» en las elecciones de 2019 y cuestionó sin tapujos el futuro de la relación comercial entre ambos países. Fernández puso de su parte para agitar la disputa durante su campaña presidencial cuando viajó a Brasil para visitar en la cárcel al mayor rival de Bolsonaro, el expresidente Luiz Inácio Lula da Silva, y criticar el sistema judicial brasileño. Al igual que en aquella cumbre celebrada en México, hubo consecuencias en el mundo real: la disputa puso en entredicho el futuro de Mercosur y los veinticinco mil millones de dólares a los que asciende el intercambio comercial anual entre ambos países. ¿Quién invertiría en una mayor conectividad y cadenas de suministro en semejante situación?

No deja de ser gracioso que muchos latinoamericanos hayan estado estos últimos años centrados en el muro fronterizo impulsado por Donald Trump. La verdad es que las barreras más grandes y obstructivas de nuestra región son las que hemos levantado nosotros mismos; los muros, a veces invisibles, que nos separan del resto del mundo y a menudo entre nosotros. Derribarlos es un reto que requiere liderazgo, conocimientos técnicos y, además, algo de diplomacia. No obstante, es una misión que debemos llevar a cabo, y cuanto antes mejor.

Cuando se le pide a un latinoamericano o a un extranjero que describa la economía de nuestra región, tiende a pensar en grandes buques transoceánicos que transportan nuestras materias primas al resto del mundo. Piensan en cantidades enormes de carne de res argentina, café y flores colombianas, cobre chileno y soja y mineral de hierro brasileños que son enviados a puertos lejanos en China, Europa o Estados Unidos. Piensan en las maquiladoras de México, acopladas por completo a las cadenas de suministro de su vecino del norte. En otras palabras, piensan que América Latina está muy bien conectada con el resto del mundo.

Esta imagen es confusa y, por desgracia, está obsoleta. En realidad, la América Latina de hoy en día tiene un peso muchísimo más modesto en el comercio global. A pesar de que nuestra región constituye el 8 por ciento de la población mundial, apenas representa alrededor del 5 por ciento del comercio internacional. Además, en las últimas décadas esa cifra ha tendido a disminuir, mientras que el resto del mundo —en particular Asia oriental— ha tomado la delantera. En 1960 América Latina representaba el 8 por ciento del comercio mundial; a partir de entonces nuestra participación relativa ha sido cada vez menor.

Este repliegue respecto de la economía mundial ha tenido un coste elevado. Consideremos las siguientes cifras: entre 1960 y 2017, la renta per cápita real de América Latina comparada con la de Estados Unidos permaneció casi estancada, y pasó apenas del 20 al 24 por ciento de la estadounidense. En cambio, en el «Asia emergente», un grupo de países que incluye a China, Indonesia, Corea del Sur y otros, la cifra equivalente aumentó del 11 al 58 por ciento. A escala mundial, la renta per cápita convergió con la de Estados Unidos a un ritmo tres veces superior al de América Latina durante ese periodo de casi sesenta años. A la luz de estos datos, el progreso relativo de la región parece mucho menos impresionante.

Ingreso per cápita real en relación con el de Estados Unidos

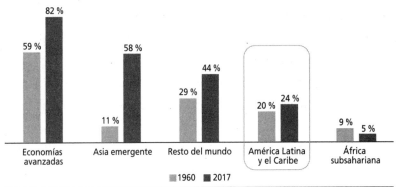

	1960	2017
Economías avanzadas	59 %	82 %
Asia emergente	11 %	58 %
Resto del mundo	29 %	44 %
América Latina y el Caribe	20 %	24 %
África subsahariana	9 %	5 %

Fuente: Cálculos del personal del BID realizados a partir de la base de datos Penn World Table 9.0. Las cifras del PIB real están en unidades US$PPA de 2011. El promedio regional se calcula como el promedio simple (no ponderado) por país.

Crecimiento promedio del PIB según la región, 2010-2019

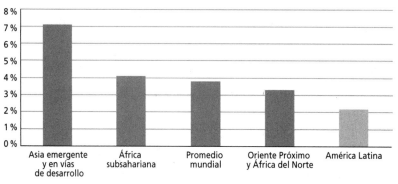

Fuente: Fondo Monetario Internacional

Entretanto —y no por casualidad—, dado que América Latina se replegó sobre sí misma, hemos afrontado un largo periodo de estancamiento económico. La de 1980 fue nuestra primera «década perdida», una etapa en la que nuestras economías en realidad se encogieron en términos per cápita en medio de la crisis de la deuda y la falta de inversión. En la década de 1990 se experimentó una modesta mejoría gracias a una oleada de reformas promercado, y en la de 2000 se experimentó cierto impulso con el auge de las materias primas. Sin embargo, en la década de 2010 se volvió a registrar un bajo rendimiento de nuestra economía. En promedio, durante esos diez años el PIB de América Latina creció solo un 2,1 por ciento, la menor tasa entre las grandes regiones del mundo y alrededor de la mitad del promedio global.

Dentro de esas cifras hubo mucha variedad. De hecho, al analizar los diferentes países, los que salieron mejor parados fueron los ubicados en la costa del Pacífico, que suelen estar más abiertos al comercio. Por su parte, Argentina y Brasil son dos de las economías más cerradas no solo de América Latina, sino del mundo entero. Los resultados no podían ser más claros.

Casi todos los economistas que conozco consideran que América Latina debería comerciar más para garantizar que la de 2020 no sea otra década perdida a causa de la pandemia. Quizá discrepen sobre los términos, acerca de cómo llevarlo a cabo, pero no discuten sobre la necesidad subyacente. El comercio no es la única solución a nuestros males —hay muchas otras—, pero es una medida necesaria.

Y para tener éxito tenemos que pensar a lo grande.

Cuando a los dirigentes políticos y los empresarios latinoamericanos se les plantea el tema del comercio, la primera idea que se les ocurre es la de buscar nuevos acuerdos comerciales con Estados Unidos y Europa. No cabe duda de que, si se llevaran a la práctica de manera acertada, dichos acuerdos supondrían un impulso para nuestras economías, sobre todo para las de la costa atlántica de la región. Sin embargo, hay un problema: en la era del Brexit y de Trump, el mundo desarrollado se replegó sobre sí mismo, de manera definitiva, y hasta ahora parece que Joe Biden tampoco prioriza los acuerdos comerciales. De hecho, no es fácil librarse de la sensación de que muchos países latinoamericanos tendemos la mano en el momento preciso en que el mundo rico retira la suya. Es posible que las secuelas de la COVID-19 hagan que esos impulsos proteccionistas cobren aún más fuerza.

No obstante, es inútil esperar para averiguarlo, porque ahí fuera hay un premio de igual valor y quizá más realista: los países latinoamericanos podrían y deberían comerciar más entre sí.

En la actualidad, el comercio «intrarregional» desempeña en América Latina un papel de menor importancia que en casi cualquier otra región del mundo. En 2019 apenas llegó a representar el 14 por ciento del comercio total de nuestra región, una cifra que contrasta con el 65 por ciento en los países de la

Unión Europea, el 50 por ciento en los del nuevo Tratado entre México, Estados Unidos y Canadá (T-MEC) y el 47 por ciento en los de Asia oriental. El aumento del comercio intrarregional ha impulsado gran parte del crecimiento de Asia y Europa en las dos últimas décadas. Tendríamos la oportunidad de disfrutar de la misma bonanza si pudiéramos librarnos de nuestro lastre.

El *statu quo* es incluso más sorprendente si se tienen en cuenta las escasas barreras naturales que se interponen en nuestro camino. Apenas existen esas diferencias lingüísticas o culturales que a veces impiden a los países negociar unos con otros. La mayoría de los ciudadanos de nuestra región hablan español, portugués o francés. Es posible que la geografía explique algo del retraso: una buena parte de los dieciséis mil kilómetros de frontera terrestre de Brasil es selva amazónica, las montañas separan a Argentina de Chile, y Bolivia y Paraguay no tienen puertos marítimos, pero estas limitaciones físicas pesan menos que antes en esta era digital. Hoy en día, más bien parecen una vana excusa.

Si la firma de tratados y otros documentos oficiales pudiera resolver las cosas, habríamos solucionado este problema hace mucho tiempo. Los países de América Latina y el Caribe han firmado al menos 76 acuerdos comerciales preferenciales, de los cuales casi la mitad abordan el comercio en el interior de la región. Hemos fundado más bloques regionales y grupos de trabajo que los que podría enumerar aquí, desde el ALBA hasta el Prosur y el Mercosur, entre otros. Alrededor del 90 por ciento del comercio que se realiza hoy en día en la región está técnicamente exento de aranceles.

Pero, a pesar de todo ello, seguimos atrasados. En 2019 el comercio entre los países del hemisferio occidental, incluidos Estados Unidos y Canadá, ascendió a 1,6 billones de dólares.

Puede parecer una cifra enorme, pero es menor que los 1,9 billones de dólares que se comercian en el interior de Asia y mucho menor que los 3,4 billones de dólares que los países de la Unión Europea intercambian entre sí.

Se podría pensar que el comercio se ha resentido porque es impopular entre los latinoamericanos, que los grandes acuerdos comerciales como el T-MEC se enfrentan de manera inevitable a protestas populares y a un malestar social generalizado. En realidad sucede todo lo contrario. Un reciente estudio del BID muestra que el 73 por ciento de las personas encuestadas afirmaron que desean más comercio con el resto del mundo, en lugar de menos. Aunque el apoyo varía según el país, todos los estados de la región registran un nivel de respaldo al comercio superior al 50 por ciento.

Pero no, hay algo más que se interpone en nuestro camino. De nuevo vuelvo a la confrontación de nuestros presidentes en Cancún; considero que el motivo principal de la pelea no fue tanto el «temperamento irascible», sino más bien una visión antagónica sobre la forma en que los países latinoamericanos deberían interactuar entre sí y con el resto del mundo. De alguna manera, en nuestra región hemos permitido que el comercio, así como los lazos diplomáticos más amplios con los demás, se conviertan en un ámbito que está más a merced de las emociones que de los hechos. Esto también ha sucedido en otras partes del mundo, por supuesto, incluso en el Estados Unidos de Donald Trump. Sin embargo, mucho antes del America First los populistas miopes de nuestra región fueron los primeros en utilizar el comercio como si se tratara del coco o del hombre del saco, y, por desgracia, los resultados están a la vista de todos.

La historia del proteccionismo en nuestra región es muy larga y quizá comenzara apenas unos minutos después de que Cristóbal Colón pisara nuestro suelo. La visión obsoleta de América Latina como una tierra sometida al saqueo de potencias extranjeras depredadoras, que vienen a robarnos nuestras riquezas naturales, está grabada en nuestra conciencia colectiva. Y, a decir verdad, hay algo de razón en ello. Desde las minas de plata de Potosí (Bolivia) en el siglo XVI hasta el petróleo de Venezuela en el XX, el comercio a menudo no logró mejorar el nivel de vida de la mayoría de nuestra gente. Numerosos líderes, desde el Che Guevara hasta los dictadores brasileños de la década de 1970, se han escudado en estas historias para aumentar los aranceles y, en general, tratar de aislar a nuestra economía y a nuestra gente del resto del mundo.

Sin embargo, hay una gran diferencia entre conocer la historia y ser su prisionero. Se trata de un equilibrio que en América Latina hemos perdido muy a menudo. Otros países también tienen dolorosas historias de explotación extranjera. A veces pienso en las guerras del Opio que tuvieron lugar en China en el siglo XIX, cuando Gran Bretaña y Francia atacaron al Reino del Medio para forzarlo a aumentar el comercio de una serie de bienes, entre ellos, por supuesto, los narcóticos. No hay nada más doloroso. Los chinos no han olvidado esa experiencia —aún tiñe su relación con Gran Bretaña en particular—, pero desde luego no los disuade de comerciar con el resto del mundo ahora que ya estamos en el siglo XXI.

¿Acaso el énfasis obsesivo en el pasado es un rasgo específico de América Latina? Hay cierta evidencia que indica que la respuesta es que sí. Una encuesta reciente del Centro de Investigaciones Pew hizo la siguiente pregunta a cuarenta mil personas de todo el mundo: «En comparación con la de hace cincuenta años, ¿la vida en su país para personas como usted es mejor, peor o más o menos igual?». El optimismo prevaleció en casi todas partes. Fue mayor en Asia oriental, no cabe duda. Vietnam, India y Corea del Sur fueron los países más proclives a decir que la vida había mejorado, pues el 89, el 69 y el 68 por ciento de sus habitantes, respectivamente, afirmaron que las cosas estaban mejor que a finales de la década de 1960. Sea como fuera, en todos los rincones del planeta, desde España y Canadá hasta Turquía e Israel, se pudo constatar un sentimiento positivo. En general, en todo el mundo la respuesta de que la vida es mejor superó a la de que es peor por un margen del 43 por ciento frente al 38 por ciento; el resto de los países no informaron de ningún cambio significativo.

La única región en la que la gente respondió de manera uniforme que la vida era peor fue la nuestra. Tres de los cuatro países más pesimistas del mundo se encontraban en América Latina. En Venezuela, el 72 por ciento de la gente contestó que las cosas habían empeorado, lo cual es comprensible si se tiene en cuenta todo lo que ha sucedido allí. No obstante, el mismo patrón prevaleció en otros lugares donde la historia reciente incluye un progreso considerable. En México, «peor» se impuso a «mejor» por un 68 por ciento frente a un 13 por ciento; en Argentina, «peor» ganó con un 51 por ciento frente a un 23 por ciento; en Brasil el resultado fue de un 49 por ciento frente a un 35 por ciento, mientras que en Colombia y Perú el 54 por ciento frente al 27 por ciento y el 46 por ciento frente al 29 por ciento de los encuestados, respectivamente, dijeron que la vida se había deteriorado desde la década de 1960.

Quizá por eso los políticos actuales parecen concentrarse no tanto en el futuro, sino en recrear algún supuesto momento dorado de nuestra historia. Para Bolsonaro, es la dictadura militar de Brasil de las décadas de 1960 y 1970. Para el mexicano Andrés Manuel López Obrador, se trata del apogeo del Partido Revolucionario Institucional, o PRI, alrededor de la misma época. Por su lado, la ideología del peronismo ha sido poco congruente a lo largo de los años, aparte de su añoranza de la otrora fabulosa riqueza del pasado argentino. No me cabe duda de que esta política de «mirarse el ombligo» nos ha dejado aislados, con la mirada puesta en el pasado y siendo poco competitivos en la economía mundial.

En un pasado no muy lejano, América Latina parecía capaz de dejar a un lado los viejos esquemas y forjar un consenso audaz en pro de una mayor integración. En 1994 el presidente Bill Clinton convocó la I Cumbre de las Américas en Miami, que reunió a los jefes de Estado de treinta y cuatro países, todos los del hemisferio excepto Fidel Castro. Qué momento tan extraordinario fue aquel. El Muro de Berlín había caído cinco años atrás, el capitalismo había triunfado sobre el comunismo y los líderes de nuestra región parecían dispuestos a integrar sus países entre sí y con el resto del mundo. Todo parecía posible.

La cumbre concluyó con ambiciosos planes para crear una nueva Área de Libre Comercio de las Américas. Esta zona habría aglutinado bajo un mismo bloque a 850 millones de consumidores y 3 billones de dólares en intercambios comerciales. Los países incluso decidieron fijar una fecha, lo que siempre es inteligente en una región en la que los gobiernos tienden a aplazar las cosas tanto como sea posible. El ALCA entraría en funcionamiento en 2005.

Llegar a un acuerdo no iba a ser fácil, pero, al menos en cuanto a ambición y buena voluntad, parecía que los astros se habían alineado. Hasta que dos grandes hechos se interpusieron en el camino.

El primero fue la situación mundial. Apenas unos días después de que terminara la cumbre, estalló una gran crisis financiera en México, conocida como la «crisis del tequila», que pronto se extendió por gran parte de América Latina y llegó hasta lugares tan lejanos como Asia. Ello sumió a varios países en la recesión, desató una oleada de devaluaciones y reavivó el debate sobre si estar conectado a la economía global era algo tan bueno después de todo. Por decirlo de forma sencilla, los países descubrieron que, en un nuevo y desafiante mundo «globalizado», el dinero podía escurrirse con la misma rapidez con la que entraba y tener efectos traumáticos. En lugar de emprender las duras reformas que hubieran permitido una mayor estabilidad de nuestra economía, algunos gobiernos prefirieron pisar el freno y volver a viejos hábitos más cómodos, es decir, a los proteccionistas.

El otro tema, relacionado con el anterior, fue la fluctuación pendular de la política, que en nuestra región oscila en mayor medida que en muchas otras partes del mundo. En la década de 1990 tuvimos una generación de líderes, pertenecientes en su mayoría al centro y el centroderecha del espectro ideológico —figuras como Fernando Henrique Cardoso en Brasil, Ernesto Zedillo en México y Eduardo Frei en Chile—, que tenían una mentalidad global tanto por formación como por filosofía. Sin embargo, en la década de 2000 una nueva generación, más de izquierdas, asumió el mando, integrada entre otros por el brasileño Luiz Inácio Lula da Silva, el argentino Néstor Kirchner y, por supuesto, Chávez. Y, aunque en mi opinión no veo ninguna razón para que el comercio sea una cuestión que enfrente a la izquierda contra la derecha, esa fue una generación de presidentes que tenía una opinión muy diferente.

La historia tiene sentido del humor, y a veces negro. El año en que estaba previsto poner en marcha el ALCA resultó ser, en cambio, aquel en que un grupo de líderes latinoamericanos le clavó una estaca en el corazón.

La edición de 2005 de la Cumbre de las Américas se celebró en Mar del Plata, Argentina. Fue uno de mis primeros compromisos como presidente del BID y un anticipo de los tiempos tumultuosos que se avecinaban. Sabíamos que la asistencia simultánea al evento de George W. Bush y Chávez encendería fuegos artificiales. Néstor Kirchner, el presidente argentino y anfitrión, animó a Chávez a celebrar una «contracumbre» en un estadio de fútbol cercano, a unas pocas manzanas del evento oficial.

Ante una devota multitud de veinticinco mil personas, Chávez sacó a relucir todos sus grandes clichés y espantajos. Juró que América Latina nunca sería una «colonia yanqui», planteó la perspectiva —absurda— de una invasión militar de Venezuela por parte de Estados Unidos y dijo que ello daría lugar a «cien años de guerra», y por último, para dar el golpe de gracia, proclamó, ante un fuerte clamor del público asistente, que el ALCA había muerto.

Hasta la leyenda del fútbol argentino Diego Armando Maradona, que siempre había estado implicado en la política de izquierdas y que incluso tenía un tatuaje del Che Guevara en un brazo, se sumó al evento. Se unió a la convención de Chávez y dijo a la multitud: «Los argentinos tenemos dignidad. Vamos a echar a Bush».

«El gran perdedor de hoy ha sido George W. Bush —dijo ese mismo día a la prensa un Chávez plenamente satisfecho—. Se le notaba la derrota en la cara».

De hecho, Bush estaba bastante molesto. Después de Mar del Plata se dirigió a Brasilia, donde se reunió con Lula, sin duda un izquierdista más moderado que Chávez. Pero el mensaje fue en gran medida el mismo: no había ningún interés en el ALCA.

«Luis Alberto, no lo entiendo», me dijo Bush después. Me explicó que para lograr un acuerdo comercial en el Congreso estadounidense, controlado por los demócratas, tendría que «luchar de verdad por él». Sin embargo, añadió, «no puedo hacerlo si estos países no lo desean».

A decir verdad, había varias razones detrás de la oposición. Estados Unidos se había negado a ceder en el tema de los subsidios agrícolas, un elemento que anulaba el acuerdo desde el punto de vista de Brasil y algunos otros países. Además, Bush no era la imagen más idónea para un acuerdo comercial, ya que se encontraba en plena guerra contra Irak y eso le restaba popularidad en América Latina. El panorama del comercio internacional también había cambiado con la entrada de China en la Organización Mundial del Comercio unos años antes, lo cual volvía incierto el papel de América Latina en la economía global.

Pero, como le dije al presidente Bush, no había ninguna duda: el mayor obstáculo era la política. La histórica desconfianza de la izquierda latinoamericana hacia el comercio se había combinado con una nueva razón para dejar inalterado el *statu quo*: en 2005 el auge de las materias primas estaba en pleno desarrollo. Esta circunstancia les dio a nuestros líderes una sensación de invulnerabilidad en muchos frentes, incluido el comercial. No obstante, el resultado era previsible: una vez que la ola perdiera fuelle y los precios de las materias primas cayeran, nos quedaríamos con las mismas economías que teníamos antes, en su mayoría de tipo cerrado.

Y esta ha sido, casi siempre, la historia de América Latina; seguimos inmersos en este ciclo perpetuo en el que, cuando el tiempo es bueno, nos sentimos confiados y pensamos que nuestra economía puede sobrevivir por sí sola, y luego, cuando la bonanza se acaba, quedamos paralizados y nos quejamos. Siempre desfasados del resto del mundo, cada vez más rezagados con cada giro de la rueda. Es un ciclo que se ha repetido demasiadas veces como para que nos sorprenda. Tenemos la obligación, de cara a nuestra gente, de encontrar la manera de escapar de él.

Para aumentar de manera exitosa el comercio y la integración en las Américas, es evidente que, en la medida de lo posible, tenemos que dejar de lado la política. Y sí que hay formas de lograrlo.

El paso más obvio, pero uno de los más difíciles de dar, es invertir más en infraestructura; en concreto, en aquella que conecte nuestros países entre sí y con el mundo. Se trata de un déficit que hemos acumulado durante décadas y del que hablaré con mayor detenimiento en el capítulo 4. Cualquiera puede percibir la flagrante falta de redes de metro, líneas de autobús y autopistas en nuestras ciudades. Sin embargo, el déficit es igual de grave en lo tocante a la infraestructura relacionada con el comercio.

Por ejemplo, en Argentina los agricultores se quejan desde hace tiempo del elevado coste del transporte en camión y de las carreteras llenas de baches que los camioneros utilizan para transportar la soja desde el campo hasta Rosario. Este es el principal puerto del país, situado a pocas horas al norte de Buenos Aires, donde los exportadores cargan millones de toneladas de soja en contenedores que cruzan el océano hacia China. A los productores del norte de Argentina, el envío de su cereal por camión hasta Rosario les cuesta más que la segunda etapa del viaje en barco, desde Rosario hasta los puertos de Qingdao o Nanjing.

Es sorprendente, pero este tipo de historias se repite en casi todas partes. A los brasileños les gusta decir que tienen el sistema agrícola más competitivo del mundo... hasta que sus cosechas salen de las plantaciones y deben ser transportadas por carreteras llenas de baches hasta puertos como el de Santos, el más congestionado de Sudamérica y que suele registrar colas que se prolongan durante varios días. La Corporación Andina de Fomento, o CAF, ha calculado que la región necesita invertir unos 55.000 millones de dólares durante dos décadas solo en el sector portuario y marítimo para impulsar el comercio y reducir los costes de logística. Cerca de la mitad de esa cantidad se necesita para mejorar los puertos de México, Brasil y Panamá.

Si identificar las necesidades es fácil, avanzar en materia de infraestructura es complejo, sobre todo cuando en los próximos años los presupuestos podrían reducirse a causa de la pandemia. Está claro que las soluciones tendrán que pasar por la adopción de toda una serie de medidas, desde las alianzas público-privadas hasta la lucha contra la corrupción. Ahondaré más adelante en estas cuestiones.

Ahora bien, mejorar la conectividad entre los países de América Latina no consiste en la mera construcción de puentes, túneles e infraestructuras ferroviarias monumentales y costosos. Muchas de las soluciones tienen que ver con la logística, o simplemente con el sentido común.

En un caso documentado por mis colegas del BID, un camionero de Centroamérica necesitaba 145 horas para recorrer tres mil kilómetros desde Puebla (México) hasta Ciudad de Panamá. Eso suponía una velocidad media de apenas veintidós kilómetros por hora. Sin embargo, solo el 30 por ciento del viaje, que tenía lugar a lo largo del Corredor Mesoamericano del Pacífico, financiado por el BID, se realizaba por esa carretera. El resto del tiempo se empleaba en los puestos fronterizos y las pernoctaciones. No es de extrañar, dado que algunos estudios indican que tenemos los controles de frontera menos eficientes del mundo.

La buena noticia es que, en general, solucionar estos problemas no es tan costoso. En 2015 el BID aprobó un préstamo de 55 millones de dólares para que Nicaragua acelerara el transporte de mercancías en tres cruces de vías, incluido el de Peñas Blancas, un punto clave en la frontera con Costa Rica. El dinero se utilizó para mejorar la infraestructura y el sistema informático, con resultados en verdad espectaculares. Gracias al proyecto, el tiempo medio de inspección de la carga física en la frontera se redujo de manera radical, de 36 horas a 89 minutos. Además, los camioneros ya no tuvieron que parar el motor de sus camiones una media de veinte veces mientras intentaban cruzar la frontera, sino que no tuvieron que hacerlo en absoluto.

Como este, hay más frutos al alcance de la mano de lo que se piensa: una mezcla de engorrosas normas aduaneras, tasas transfronterizas descomunales, burocracia y elevados gastos logísticos. Los costes comerciales de América Latina suelen duplicar los de Estados Unidos y Europa, y son un tercio más altos que los de Asia. Si tan solo se aplicaran las directrices políticas incluidas en el Acuerdo sobre Facilitación del Comercio de la OMC, podríamos reducir hasta en un 23 por ciento los costes comerciales y logísticos en nuestra región.

Otra medida útil sería el fortalecimiento de los programas e instituciones que promueven las exportaciones y atraen la inversión, como por ejemplo la Apex de Brasil. Estas organizaciones se encargan de los mostradores de las ferias, las delegaciones que se reúnen con los inversores extranjeros y los llamativos anuncios que se publican en las revistas de las compañías aéreas. ¿Será que, en conjunto, todo esto surte efecto? Por supuesto que sí. El BID calcula que cada dólar invertido en programas para el fomento de las exportaciones aumenta el valor de estas entre 38 y 45 dólares. Sin embargo, algunos gobiernos todavía no ven la verdadera utilidad de dichas organizaciones y las condenan a una financiación siempre insuficiente o, como en el caso de México, cierran su división para el fomento de la inversión, como sucedió con ProMéxico en 2019.

Antes de plantear nuevas y ambiciosas negociaciones comerciales, sería mejor resolver los asuntos pendientes de los acuerdos anteriores. Esto significa asegurarse de que todos los tratados comerciales ya existentes converjan entre sí, que las regulaciones y los aranceles estén armonizados como es debido. Esta es otra tarea que parece sencilla, pero que aún no se ha llevado a cabo. Según un estudio, basta con dar ese paso para que el comercio intrarregional aumente un 11,6 por ciento, es decir, para que reciba veinte mil millones de dólares adicionales.

Por último, tenemos que adelantarnos a la curva tecnológica en materia de comercio en lugar de ir siempre a la zaga. Esto debería ser algo natural para nosotros; los latinoamericanos solemos adoptar la tecnología de inmediato y con entusiasmo. Tenemos una de las tasas más altas del mundo de uso de teléfonos móviles y redes sociales. Disponemos de excelentes polos tecnológicos en Medellín, Buenos Aires, Belo Horizonte y otros lugares. Sin embargo, muchos de nuestros procedimientos comerciales y de inversión más elementales siguen siendo asombrosamente obsoletos y dependiendo del papel. Su digitalización supondría un enorme retorno de la inversión.

El comercio electrónico en nuestra región es todavía mucho, mucho más difícil de lo que debería ser. Tenemos grandes plataformas nacionales, como Mercado Libre, que le permiten a la gente comprar bienes a domicilio, pero todavía no existe la infraestructura que facilite a las empresas peruanas hacer envíos a los consumidores colombianos, por ejemplo, y viceversa. Esto implica la construcción de sistemas de comercio digital que puedan «hablar» entre ellos, así como la armonización de la normativa comercial y la simplificación de los procedimientos de transporte e inspección de las mercancías. Todos los países de las Américas deberían utilizar tecnología punta para permitir la inspección no invasiva de contenedores, y todos deberían contar con modernos servicios de pago online.

América Latina también podría impulsar el comercio animando a más empresas a inscribirse en los programas del Operador Económico Autorizado. Estos programas, creados a raíz de los atentados del 11 de septiembre de 2001 para mejorar la seguridad mundial y evitar el envío de armas, les permiten a las empresas certificar sus procedimientos de control. De este modo se reducirían los riesgos asociados a la seguridad, el coste de envío y el tiempo de inspección. Los países de América Latina y el Caribe también deberían modificar las leyes comerciales para promover el comercio internacional de productos y servicios digitales. Esto facilitaría el aumento de la oferta y la demanda de telemedicina, aprendizaje online, teletrabajo, entretenimiento digital y plataformas de pago electrónico.

Todas estas soluciones tecnológicas son importantes. Sin embargo, no bastan. Quisiera hacer un llamamiento a nuestros políticos, empresarios y líderes de opinión para que dejen de presentar el comercio como el hombre del saco y, en cambio, defiendan con ahínco sus beneficios y los de una integración muchísimo más amplia. Son demasiadas las personas que son reticentes a hablar sobre este tema, a veces por nuestra historia y, a veces, porque no quieren involucrarse en una pelea pública con nuestros proteccionistas modernos, cuyo argumento —que el comercio equivale a un saqueo— es gratificante desde el punto de vista emocional pero erróneo a nivel fáctico. Tenemos que defender el comercio y hacerlo de corazón; no basta con la tímida publicación de informes que recopilan cifras, con la esperanza de que acaben por convencer a la sociedad del verdadero valor del comercio.

En las últimas semanas como presidente del BID, en septiembre de 2020, mantuve conversaciones por separado con Bill Clinton y George W. Bush. Ambos propusieron en esencia la misma idea: resucitar el ALCA, la idea de un acuerdo comercial hemisférico que se planteó por primera vez en la década de 1990, pero que murió a manos de Chávez y otros en Mar del Plata en 2005. Bush, que supervisó el Tratado de Libre Comercio de América Central (CAFTA, por sus siglas en inglés) mientras era presidente, estaba muy entusiasmado con la idea por dos razones: el daño económico ocasionado por la COVID-19 y la creciente confrontación con China. «Ahora es el momento de hacerlo —me dijo—. Tiene sentido desde una perspectiva económica y de seguridad nacional».

En mi opinión, debemos ser receptivos a estas ideas, sobre todo ahora que Joe Biden está en la Casa Blanca. La idea de la «reubicación» es bastante prometedora, ya que consiste en devolver al hemisferio occidental los puestos de trabajo y la producción de las fábricas de Asia. La crisis de la COVID-19 le ha ofrecido a América Latina una oportunidad única de reinsertarse en la cadena de suministro global, en particular en la de Estados Unidos. La pugna inicial por equipos de protección como las mascarillas les recordó a los estadounidenses y a otros los riesgos de tener cadenas de suministro que dependan demasiado de Asia. También puso de manifiesto la importancia de las normativas en materia de inversión y derechos de propiedad, que suelen ser más estrictas en nuestra región que en lugares como China. A mediados de 2020, y aún hoy, todo el mundo hablaba de la posibilidad de una recuperación económica «Hecha en las Américas», con un hemisferio integrado a la vanguardia, una idea que en el BID nos esforzamos por defender durante muchos años.

No obstante, esto me lleva a mi última y más urgente petición: al margen de lo que hagamos en el futuro para aumentar el comercio y la integración entre nuestros países, América Latina y los latinoamericanos deben ser los que lleven el liderazgo.

Si todo lo que vaya a tomar forma en esta realidad pospandémica se percibe como una «idea del Tío Sam», como algo impulsado por Washington en lugar de Brasilia, Buenos Aires, Ciudad de Guatemala o Asunción, me temo que no llegará a materializarse. Eso es lo que nos enseñó la experiencia del ALCA en la década de 2000. A menos que el comercio se presente verdaderamente como una idea latinoamericana, diseñada para beneficiar a los latinoamericanos, acabará devorada por nuestras fobias centenarias y nuestra polarización actual. Tanto si el objetivo consiste en una integración «intrarregional», en acuerdos comerciales bilaterales o en un pleno renacimiento del ALCA, es fundamental que lo lideremos nosotros, los latinoamericanos.

Debemos hacerlo por cuenta propia. Es necesario que esté basado en el consenso político y la voluntad popular. Esa es la mejor manera de superar nuestro pasado y de derribar nuestros muros.

3

Trabajar con Washington... y Pekín

Cuando llegué a Washington hace veinte años, como nuevo embajador de Colombia en Estados Unidos, me enfrenté a un misterio sin precedentes: ¿por qué todos eran tan amables?

Mientras hacía la ronda por el Capitolio para presentarme a los legisladores republicanos y demócratas y a su personal, todos parecían tener un vivo interés en mi familia. De dónde eran los Moreno, a qué se dedicaban mis padres, etc. Recuerdo que me sorprendió que los estadounidenses, que tienen fama de estar menos apegados a la familia que nosotros, me hicieran tantas preguntas específicas sobre mis hermanos, primos y tíos.

Solo años después, un amigo me reveló —con cierta timidez— el motivo: «Luis Alberto, todos tratábamos de averiguar si estabas relacionado con los narcos». Y, para ser sincero, en los años noventa no era absurdo suponer algo así sobre un funcionario del Gobierno colombiano.

Un presidente de esa época había recibido millones de dólares de los cárteles para financiar su campaña electoral. Ese hecho había motivado que Washington adoptara la inusual medida de revocar su visado estadounidense; era la segunda vez que lo hacía con un jefe de Estado en ejercicio (el primero había sido el austriaco Kurt Waldheim, que había pertenecido a una unidad nazi en su juventud). En 1998, apenas dos años antes de mi llegada a la capital estadounidense, la administración Clinton también se había negado a «certificar» los esfuerzos de Colombia en materia de lucha contra el narcotráfico y nos había añadido a una breve lista negra de países que incluía a Afganistán, Irán y Siria.

El problema no solo tenía que ver con nuestros políticos; a los ojos del mundo, Colombia era sinónimo de cocaína y caos. Cuando le decía a la gente de dónde era, los ojos se les abrían de par en par, llenos de asombro, o movían la cabeza en señal de que sentían lástima por mí. En los años anteriores, los cárteles habían derribado un avión de pasajeros, asesinado a un candidato presidencial e intimidado a la mayoría de nuestras instituciones. Décadas antes de que Netflix retomara las hazañas asesinas de Pablo Escobar en *Narcos*, los colombianos fueron los despiadados villanos de varias películas de Hollywood de los años noventa, como la de Tom Clancy *Peligro inminente* o *La jungla 2: Alerta roja*, cuya trama giraba en torno a un capo de la droga que es extraditado a Estados Unidos desde un país supuestamente inventado llamado Val Verde (guiño).

Nadie confiaba en nosotros; nadie nos creía, y nadie, pero es que nadie, pensaba que fuera posible vencer a los cárteles.

Ese fue el punto de partida cuando nuestro equipo de la embajada colombiana emprendió lo que parecía una misión imposible: negociar un cuantioso paquete de ayuda y un acuerdo de cooperación con Estados Unidos. De alguna manera, pasamos de no tener nada a contar con una iniciativa de diez mil millones de dólares que, a lo largo de la década siguiente, con el apoyo permanente tanto de los republicanos como de los demócratas, le brindó a Colombia ayuda militar, así como recursos para fortalecer el sistema de justicia y permitir el reasentamiento de los desplazados, entre otras iniciativas. El «Plan Colombia», como se llegaría a conocer, fue un factor absolutamente decisivo para cambiar el rumbo de nuestro país durante la década de 2000, y ayudó a convertirlo en la imperfecta historia de éxito, en continua evolución, que es hoy en día.

En algunos aspectos, la historia insólita de la forma en que todo esto se llevó a cabo parece una postal de una época remota: un Washington que no solo gozaba de una mayor cohesión política interna, sino que también estaba más comprometido a escala mundial, antes de que los sucesivos golpes del 11-S, la guerra de Irak, la crisis financiera mundial de 2008 y la pandemia alejaran un poco a Estados Unidos del resto del mundo.

Sin embargo, considero que el Plan Colombia aún es relevante en la actualidad —sin duda algo sorprendente— como ejemplo de la forma en que los países latinoamericanos pueden trabajar codo con codo con Estados Unidos para alcanzar objetivos constructivos, incluso transformadores. Algunos otros están de acuerdo conmigo: en 2015, el entonces vicepresidente Joe Biden se me acercó para preguntarme si era posible diseñar algo similar para América Central, y en 2018 John Kelly, el segundo jefe de gabinete del presidente Trump, habló de algo parecido. Una vez investido presidente, Biden volvió a resucitar dicha idea. Tales iniciativas están en gestación en el momento de escribir estas líneas, pero lo que resulta evidente es que ambos partidos ven al Plan Colombia como un modelo y que hay interés al respecto.

Yo no albergo ninguna duda: para que América Latina se recupere por completo del desplome provocado por la COVID-19 será necesario contar con el firme apoyo y el liderazgo de Washington. Dicha necesidad es particularmente acuciante en el caso de los países más vulnerables de nuestra región, incluidos los del «Triángulo del Norte» de Centroamérica —Honduras, El Salvador y Guatemala—, que, al igual que Colombia hace dos décadas, se enfrentan a poderosas bandas criminales que han intimidado, y en muchos casos corrompido, la maquinaria del Estado. Asimismo, el apoyo de Estados Unidos será fundamental para las naciones del Caribe que han resultado más afectadas por la pandemia debido a los efectos de esta en el turismo, actividad de la que depende hasta el 80 por ciento de su economía. Además, la gestión de las secuelas de la crisis de Venezuela, que ha salpicado a casi todos los países de la región, va a exigir también la atención de Washington, al margen de que la dictadura de Nicolás Maduro perdure o llegue a su fin.

Durante mis años como embajador y luego en el BID, trabajé con los últimos cinco presidentes de Estados Unidos: Bill Clinton, George W. Bush, Barack Obama, Donald Trump y ahora Joe Biden. Mi relación con todos ellos ha sido constructiva y tengo una profunda amistad con la mayoría. Cada uno ha intentado, de diversas maneras y con muy diferentes niveles de éxito, comprometerse con América Latina en cuestiones que van desde el comercio hasta la migración y la legislación antidrogas.

A lo largo de todo este tiempo, los obstáculos para una cooperación mayor entre Estados Unidos y América Latina en esencia no han cambiado: la costumbre que tienen muchos en Washington de ignorar nuestra región hasta que estalla una crisis; la desconfianza refleja y visceral de nuestros gobiernos hacia el «Tío Sam», aun cuando Washington albergue verdaderas buenas intenciones y pueda proporcionar un apoyo decisivo; los burócratas de todas nuestras capitales, para quienes siempre es más fácil desestimar las ideas audaces; la incapacidad de Washington —todavía, treinta años después— para comprender que la Guerra Fría ya se acabó y que nuestros países son algo más que peones en el tablero de ajedrez de la política de las «grandes potencias»; y quizá, sobre todo, una simple falta de fe por parte de aquellos que, tanto en Estados Unidos como en América Latina, ignoran nuestra historia reciente y olvidan que el progreso es posible, que nuestro destino está en nuestras manos y que, si trabajamos juntos, podemos hacer que la vida en nuestro hemisferio sea mejor para todos.

Superar todas estas barreras fue difícil. No obstante, pudimos lograrlo en muchas ocasiones. Para ello fueron necesarios el trabajo arduo y la dedicación de muchas personas. Pero es posible que fuese un poco más fácil para alguien que había crecido entre ambos países y que entendía la política, así como las esperanzas y los temores, tanto de América Latina como de Estados Unidos.

De todas mis vivencias en Estados Unidos en el transcurso del tiempo, quizá la más importante sea la que experimenté a los catorce años, cuando pasé doce meses en el lugar más raro que quepa imaginar para un muchacho colombiano: Richardton, Dakota del Norte, con una población de 529 habitantes.

Mis padres me enviaron a la abadía de la Asunción, un internado de dicha población dirigido por monjes benedictinos, que seguían un régimen muy riguroso de oración, lectura y trabajo manual. Ahora bien, mis padres no eran muy estrictos, yo no era un adolescente muy rebelde y, en realidad, no había hecho nada malo para merecer ese inusual exilio en un sitio caracterizado por un frío extremo. Mi problema era de otro tipo: unos años antes, había dejado de crecer de manera repentina y misteriosa. En cuarto curso era el niño más grande de mi clase; en sexto era el más pequeño. En cuanto mi hermano menor me superó en altura, un trauma horrible que cualquiera que tenga hermanos conoce muy bien, la gota colmó el vaso para todos nosotros.

Mi padre, que era médico, me llevó a la consulta de todos sus amigos especialistas en Bogotá. Me sometieron a una serie de pruebas insoportables. Aun así, los profesionales no pudieron resolver el problema. Por último, en un acto de desesperación absoluta, mis padres decidieron probar si un año de ejercicio vigoroso, abundante comida estadounidense y aire subártico en la abadía de la Asunción servía para que volviera a crecer.

Mi madre confesó más adelante que, tras dejarme allí, lloró durante todo el camino de regreso a Colombia, preguntándose si había hecho lo correcto. Comprendí que solo tenía buenas intenciones, pero la verdad es que Dakota del Norte fue un tanto difícil. En enero la temperatura media en Richardton era de apenas catorce grados bajo cero, y recuerdo unas tormentas de nieve tan intensas que no podía sentirme la nariz. Éramos alrededor de cincuenta niños en cada habitación, dormíamos en literas y nos despertábamos al amanecer para empezar la estricta rutina diaria. Las líneas telefónicas eran aún de cobre y llamar a casa resultaba bastante complicado, de modo que se imponía un aislamiento casi inimaginable en nuestra era de FaceTime y WhatsApp. No podía hablar con mi familia durante semanas.

Ese año no crecí ni un centímetro, por supuesto. Solo más tarde los médicos del hospital Johns Hopkins de Baltimore descubrieron la causa real de que no creciera: se trataba de un tumor en la glándula pituitaria. Me sometieron a una intervención quirúrgica más bien seria y me recuperé por completo, aunque algunas de las cicatrices todavía son visibles y nunca alcancé mi estatura natural. Considero que la experiencia me ayudó a ser quien soy: un individuo que siempre ha confiado más en su ingenio que en su aspecto físico, un estudioso de las personas y de sus motivaciones y alguien que se esfuerza por empatizar con los más vulnerables tras haber estado en su lugar.

No obstante, en cuanto a la promoción del Plan Colombia, la lección más importante de Dakota del Norte tuvo que ver con el año concreto en el que estuve allí, 1968. Fue una época tumultuosa para Estados Unidos y el mundo entero; un año de asesinatos políticos y protestas. El telón de fondo no era otro que la guerra de Vietnam: el ejército reclutaba a los muchachos del internado y todo el tiempo hablábamos de eso en los dormitorios. Pude ver de cerca el miedo y los errores políticos que configurarían a esa generación para el resto de su vida. Tres décadas más tarde, como embajador, comprendí en lo más profundo de mi alma que el Plan Colombia nunca sería aprobado si tenía el más mínimo tufo a Vietnam. Los estadounidenses nunca aceptarían enviar sus tropas a una guerra en suelo colombiano; además, teníamos que mostrarles que Colombia no se convertiría en un «atolladero» al estilo de Vietnam, que teníamos un plan específico y realista para alcanzar nuestros objetivos.

Regresé a Estados Unidos para estudiar en la universidad y me quedé a trabajar; tuve varios empleos inusuales antes de llegar a la treintena. Limpié establos de caballos en un hipódromo de Fort Lauderdale, trabajé en una gasolinera y aparqué coches en un club nocturno. Durante un tiempo vendí aspiradoras Kirby de casa en casa. También hice encuestas en barrios conflictivos donde los únicos que llamaban a la puerta solían ser los cobradores del alquiler, y lo hacían con una pistola en el bolsillo. Todo esto me permitió comprender varias cosas: sentí que entendía el sueño americano, el valor que la gente le daba al hecho de salir adelante por medios propios, incluso si se empieza en un lugar muy difícil. También conocí el Estados Unidos más allá de

Washington y comprendí que los estadounidenses comunes y corrientes podían estar dispuestos a ayudar a un país como Colombia, pero que para ello debían estar convencidos de que eso también ayudaría a Estados Unidos. Y que, bajo ninguna circunstancia, estarían dispuestos a extendernos un cheque en blanco.

Llegué a apreciar el valor que los estadounidenses dan a la sinceridad, al hecho de «hablar claro». Esto significaba que tendríamos que ser francos sobre la envergadura de nuestros problemas. Los anteriores diplomáticos colombianos solían restarles importancia, pues creían que revelar la verdadera naturaleza de nuestros demonios podía ahuyentar a nuestros amigos. Sin embargo, el torrente de dinero derivado del apetito mundial por la cocaína era demasiado grande para que Colombia pudiera afrontarlo sin ayuda. No sentía vergüenza alguna en admitirlo; de hecho, pensaba que era una condición indispensable para el éxito.

En parte ello implicaba entonar un *mea culpa*. Los colombianos debíamos admitir que nuestra indulgencia durante años había permitido el florecimiento de los cárteles. La cruel verdad es que, en la década de 1970, la mayoría de los colombianos comprendían con exactitud lo que ocurría en nuestro país, incluidas (o «sobre todo») las clases altas. Mi madre recuerda que las señoras de la alta sociedad bogotana, con una risita y un encogimiento de hombros, se ofrecían a vender los dólares que recibían de sus familiares implicados en «el tráfico». Santa Marta, la ciudad costera de mi juventud, se llenó de repente de BMW y Mercedes importados. Se estima que el narcotráfico puso dinero en el bolsillo de unos trescientos mil colombianos.

Álvaro Gómez Hurtado, un afamado senador y antiguo director de un periódico, señaló en 1980 que el narcotráfico había sido «tanto bueno como malo» para Colombia: positivo porque había generado dólares, pero negativo al haber corrompido a la sociedad. Esa era sin duda una opinión generalizada en aquella época. Semejantes actitudes, amén de la histórica y persistente incapacidad del Estado colombiano para ejercer su autoridad en todo el territorio nacional, fueron factores determinantes para que la situación se deteriorara hasta que el país estuvo al borde del colapso. (El propio Gómez fue asesinado de forma trágica en 1995; los antiguos líderes de las FARC asumieron la responsabilidad del crimen en 2020 como parte del programa de justicia transitorio derivado de los acuerdos de paz).

Por otro lado, los estadounidenses también debían ser sinceros sobre el papel central que desempeñaban en el problema de las drogas. Ello se remontaba al menos a la década de 1930, cuando el mayor mercado para la cocaína colombiana era la Cuba del periodo anterior a Castro, con sus casinos controlados y frecuentados por mafiosos estadounidenses. En fechas más recientes, Estados Unidos era de lejos el primer mercado consumidor de cocaína del mundo. La devastadora epidemia de crack de finales de la década de 1980 y comienzos de la de 1990 permitió que la opinión pública del país tomara conciencia del problema de la droga. Aun así, en 1998 —el año en que me convertí en embajador— la Encuesta Nacional de Hogares sobre Drogodependencia estimó que 3,8 millones de estadounidenses consumían cocaína. La cifra real era sin duda mucho mayor.

La idea de una «responsabilidad compartida» acerca de nuestros problemas fue un aspecto esencial del Plan Colombia. A pesar de la imagen de nuestro país como un caso perdido, confiábamos en la existencia de una base sólida tanto a escala institucional como de sociedad civil. Colombia era la democracia más antigua del hemisferio, solo interrumpida por un breve régimen militar a mediados del siglo xx. Contábamos con un legado de fortaleza económica: entre la década de 1930 y el año 2000, el país registró un crecimiento anual medio del 4,5 por ciento, en contraposición en buena medida al ciclo de expansión y contracción que se observaba en casi toda la región. Gracias a ello, Colombia fue uno de los pocos países latinoamericanos que no dejó de saldar su deuda en la década de 1980. Además, contábamos con una prensa fuerte e independiente y con una vibrante sociedad civil, las cuales ayudarían a mantener la honestidad del Gobierno y a garantizar que cumpliéramos nuestra parte del trato.

Más importante aún, también pensaba que, a finales de la década de 1990, la tolerancia a la ilegalidad de muchos miembros de la élite y de los colombianos de a pie había sido reemplazada por la firme determinación de recomponer nuestra nación. Tras incursionar en el tráfico de cocaína, los grupos armados ilegales como las FARC, el ELN y los paramilitares se habían vuelto cada vez más ricos y poderosos y suponían una amenaza potencial para nuestro Gobierno. Casi nadie era inmune al sufrimiento; según las encuestas, la mitad del país afirmaba que había perdido a un familiar a causa de la violencia, sin duda una cifra asombrosa. Miles de personas eran secuestradas cada año; entre ellas mi tío, que estuvo retenido durante casi nueve meses hasta que se pagó un rescate por él. Otros tuvieron mucha menos suerte; se sabe que más de dos mil doscientos colombianos murieron en cautiverio y otros diez mil desaparecieron. En 1998 se eligió a un nuevo presidente, Andrés Pastrana, con el firme mandato de impulsar un cambio de rumbo y poner fin al derramamiento de sangre.

¿Y si fracasábamos en el intento? Sin apoyo externo, el riesgo de que el Estado colombiano fuera derrotado por los grupos armados al margen de la ley era alto. Eso habría creado una situación de una inestabilidad sin precedentes en el hemisferio occidental. Cuanto más tardara Washington, más difícil sería el rescate. El material militar, los conocimientos y el apoyo financiero de Estados Unidos marcarían sin duda alguna la diferencia entre el éxito y el fracaso. Y el factor tiempo era esencial.

Ninguna dosis de publicidad, de valentía ni de espíritu comercial habría funcionado sin un plan coherente y bien pensado. Pero además sabíamos que para ganarnos a Washington —ambos partidos, las dos cámaras del Congreso, múltiples organismos gubernamentales, desde la base hasta las más altas esferas— sería necesario algo más que redactar extensos documentos políticos y decir lo que fuera conveniente en las reuniones de los comités legislativos. Teníamos que cambiar de manera fundamental la mentalidad de la gente sobre nuestro país. Debíamos ser creativos. En cierto sentido, teníamos que renovar la imagen de Colombia.

En concreto, pensé que teníamos que demostrarles a los estadounidenses que Colombia era algo más que Pablo Escobar y la cocaína; que teníamos mucha gente buena, no solo en el Gobierno sino también en la sociedad en general, que merecía recibir ayuda y que podía llevar a cabo una transformación. Así que una de las primeras cosas que hicimos fue recurrir al que era sin duda el único colombiano más famoso que Escobar en aquellos años: Gabriel García Márquez, el escritor galardonado con el Premio Nobel, autor de *El amor en los tiempos del cólera* y *Cien años de soledad*.

Conocía a Gabo, como le llamaba todo el mundo, desde mi época de ministro de Desarrollo Económico en la década de

1990, cuando intentábamos abrir el país. García Márquez había vivido muchos años en Ciudad de México, pero nunca había perdido su amor por Colombia ni su deseo de ayudar a sus compatriotas. Y, de hecho, una de las cualidades más subestimadas de Gabo era su capacidad de hablar, en sentido literal, con todo el mundo; mantenía vínculos con la clase política y empresarial colombiana, tanto de izquierdas como de derechas, así como con Fidel Castro y otras figuras políticas importantes de toda América Latina. En otras palabras, Gabo podía deslumbrar a todo el mundo con sus proezas literarias, pero también era capaz de explicar, en términos convincentes y específicos, por qué creía que Colombia estaba preparada para progresar, a pesar de lo que la gente pudiera ver en la televisión y leer los periódicos.

A las tres semanas de mi llegada a Washington, Gabo se encontraba en la ciudad con motivo de un proyecto, así que organizamos una cena en la embajada e invitamos a varias de las principales figuras de poder de la capital, incluida Katharine Graham, la antigua directora de *The Washington Post*. Después de eso, Katharine pasó a ser una defensora habitual e influyente de Colombia en Washington. Me convertí en un invitado asiduo a las famosas «cenas tertulia» que organizaba en su casa, lo que me permitió hablar también con muchas otras personas sobre Colombia.

Resultó que Washington estaba lleno de gente deseosa de que mi país tuviera éxito. Muchos no pertenecían al Gobierno, pero como es una ciudad pequeña la interacción pudo darse de modo impredecible. Por ejemplo, Maureen Orth, una periodista que trabajó muchos años para *Vanity Fair* y que formaba con el difunto Tim Russert una influyente pareja en los medios de comunicación de Washington, había pasado dos años en los Cuerpos de Paz en un barrio popular de Medellín en la década de 1960, poco después de graduarse en Berkeley. Consideraba que la experiencia había sido transformadora y había regresado a nuestro país muchas veces. Sin embargo, había tenido que dejar de visitar la ciudad a principios de la década de 1980 a causa de la violencia. Organizamos una cena en la embajada para Maureen y otros antiguos voluntarios de los Cuerpos de Paz para darles las gracias y decirles que aún necesitábamos su ayuda, dada la magnitud de los retos de Colombia. Muchos de ellos se convirtieron en incansables defensores de nuestra causa.

En 1999 decidimos enviar un avión lleno del otro célebre producto de exportación de Colombia —veinte mil rosas recién cortadas— al baile de la Orquesta Sinfónica Nacional, uno de los mayores acontecimientos sociales de Washington. Al evento de ese año asistieron numerosas personalidades que eran decisivas para la aprobación del Plan Colombia, como Louis Freeh, director del FBI. Sandra Day O'Connor, jueza del Tribunal Supremo, también asistió. Y, por si el asunto central se le escapaba a alguien, también habíamos invitado al actor que interpretaba a Juan Valdez —el rostro en las pantallas de la Federación Nacional de Cafeteros de Colombia desde 1958, una de las mejores campañas publicitarias jamás concebidas— para que regalara muestras de café colombiano a los invitados.

A partir de ese momento, empezamos a enviar flores colombianas frescas a todas las galas importantes de Washington. Lo hacíamos de forma gratuita; la única condición era que los organizadores me dijeran quién estaba sentado a la mesa principal. Eso me permitió presentarme a diferentes senadores y miembros del Gabinete, personas que en su despacho pueden atenderte a lo sumo durante diez minutos, pero que suelen ser más receptivos —y estar como un millón de veces más relajados— cuando se encuentran fuera de la ciudad. Bromeábamos y pasábamos un buen rato, pero siempre encontraba la manera de hablarles de la forma en que Colombia estaba cambiando.

¿Acaso no era todo esto un tanto artificioso? Por supuesto que sí, pero estábamos convencidos de que cambiar la percepción de Colombia era clave para conseguir un apoyo duradero a nuestro plan y que era algo tan importante como los detalles del plan en sí mismo. Teníamos que lidiar también con otros formidables creadores de imagen, incluido el más poderoso de todos, Hollywood, a la hora de definir lo que era en realidad nuestro país. Por otro lado, en la parte más tradicional de las negociaciones contábamos con el equipo adecuado; en Bogotá, personas como el ministro de Asuntos Exteriores de Colombia, Guillermo Fernández de Soto, el ministro de Defensa, Luis Fernando Ramírez, y Jaime Ruiz, jefe del Departamento Nacional de Planeación y ayudante clave del presidente Pastrana, hicieron un trabajo crucial. En la embajada contábamos con el apoyo de personas estupendas, como Juan Esteban Orduz, María Claudia Gómez y muchos, muchos otros.

Y, a decir verdad, también contamos con un poco de buena sincronización.

Los últimos años de la presidencia de Bill Clinton, a finales de la década de 1990, habían sido buenos para Estados Unidos, una época de superávit presupuestario y de auge en la economía. Por ello, pensamos que el país podría estar más dispuesto que de costumbre a dedicar tiempo y dinero a algo como el Plan Colombia, siempre que, por supuesto, mantuviéramos nuestra parte del trato. Mientras tanto, Clinton pensaba sin duda en su legado a medida que se acercaba el final de su segundo mandato. Su encuestador, Mark Penn, que había hecho algún trabajo en Colombia, nos comentó que las encuestas internas mostraban que el público estadounidense aún veía a Clinton algo débil en materia de política antidroga. En ese sentido, el Plan Colombia le ofrecía una oportunidad en un tema tanto internacional como interno.

Además, contamos con otro factor a nuestro favor: Hugh Rodham, el hermano de Hillary, también había sido voluntario de los Cuerpos de Paz en Colombia. Siempre me sorprendió la cantidad de historias que el presidente conocía de Colombia gracias a su cuñado. Clinton también era un gran admirador de García Márquez y en todo momento quería hablar de Macondo, la tierra ficticia de las grandes novelas de Gabo.

Cuando el presidente Pastrana visitó Washington para presentar el plan y negociar los detalles esenciales, sabíamos que se trataba de un momento decisivo. Clinton acababa de terminar la mediación del proceso de paz en Irlanda del Norte y empezaba a dirigir su mirada a Oriente Próximo. Le sugerí a Pastrana que le dijera a Clinton que tenía la oportunidad de ser el constructor de la paz de nuestro tiempo y que Colombia era uno de los mayores desafíos. No era cinismo; creíamos con total sinceridad que se trataba de una oportunidad histórica para que un presidente estadounidense popular marcara la diferencia.

En esa reunión en la Casa Blanca, Pastrana expuso un gran argumento. Se había reunido con los dirigentes de las FARC apenas un mes antes y le dijo a Clinton que veía una oportunidad histórica para lograr la paz con el grupo guerrillero más grande y poderoso de Colombia. Por supuesto, la historia demostraría que las FARC no estaban listas para la paz, y pronto volverían a cometer sus usuales crímenes de lesa humanidad. No obstante, creo que nuestro presidente logró transmitir con éxito el ansia de cambio que sentían tantos colombianos, el deseo de dejar atrás la violencia y la anarquía de las décadas de 1980 y 1990. Clinton lo percibió y comprendió que Pastrana se jugaba el todo por el todo y que arriesgaba no solo su reputación, sino su vida. A partir de ese momento Clinton se subió al carro.

La parte más difícil, sin duda, fue conseguir el apoyo del Congreso. Si el Plan Colombia tenía dos elementos principales —reducir tanto la violencia en nuestro país como la cantidad de droga que llegaba al norte—, en general a los republicanos les interesaba poner coto al narcotráfico y a los demócratas, la disminución de la violencia. Siempre había argumentado que no se podía conseguir una cosa sin la otra. No obstante, los congresistas tenían una serie de preocupaciones y fue necesario conquistarlos uno por uno. Sin el apoyo de los dos partidos, el acuerdo nunca se habría plasmado.

A los demócratas les preocupaba mucho aumentar la protección de los derechos humanos y garantizar que el dinero estadounidense no se utilizara para librar una «guerra sucia». El senador Ted Kennedy fue uno de los que insistió en que el Plan Colombia incluyera protección para los sindicatos, así como para los líderes sociales que habían sido víctimas de la represión y a menudo asesinados, en un número alarmantemente elevado, a lo largo de los años. Me reuní muchas veces con el «León del Senado» y le expliqué de manera minuciosa cómo podíamos cumplir sus condiciones.

A los líderes de ambos partidos, incluidos el presidente de la Cámara de Representantes, Denny Hastert, y el líder de la mayoría del Senado, Trent Lott, les preocupaba que la corrupción malversara el dinero o que este se desperdiciara de alguna otra manera. También querían estar seguros de que los colombianos pagaríamos la mayor parte de la factura y sacrificaríamos nuestros recursos humanos y económicos. Esta fue una promesa que cumplimos más allá de lo pactado inicialmente: según un informe de 2016 del Center for American Progress, un *think tank* de Washington, durante los siguientes quince años el 95 por ciento de los fondos para apoyar el Plan Colombia no fueron desembolsados por Estados Unidos, sino por Colombia, y el número de soldados profesionales del país se multiplicó por más de cuatro, pasando de 20.000 a 83.000. Gran parte de esa ampliación del ejército fue financiada con nuevos gravámenes, incluido el impuesto único sobre la riqueza de la élite colombiana que he mencionado en el capítulo 2.

Una y otra vez, nos esforzamos por demostrar que en Colombia había gente muy trabajadora, merecedora de ayuda y capaz de hacer que el plan tuviera éxito. Acompañé a los congresistas en numerosos viajes para que vieran las condiciones sobre el terreno y también en visitas a sus estados de origen (tan lejanos como Hawái, en el caso el senador Daniel Inoye); quería conocerlos mejor tanto a ellos como a sus electores. El senador Byron Dorgan, un demócrata de Dakota del Norte, se sorprendió por completo al saber que yo había pasado un año en Richardton, a solo cuarenta kilómetros del lugar donde él había crecido. Estos vínculos humanos fueron esenciales. Aun así, tras obtener la aprobación inicial del Congreso para el Plan Colombia, nunca abandonamos la tarea de persuadir, convencer y perfeccionar la iniciativa cuando ello fue necesario.

Al final, los resultados del Plan Colombia superaron las expectativas de casi todo el mundo, incluso las mías.

Gracias a los esfuerzos de innumerables y valientes colombianos de a pie, al liderazgo del presidente Pastrana y de sus sucesores Álvaro Uribe y Juan Manuel Santos y al apoyo de Estados Unidos, logramos romper el dominio de los cárteles y de otros grupos violentos que a punto estuvieron de apoderarse de nuestro país. Los homicidios se redujeron más del 70 por ciento, hasta llegar a su nivel más bajo desde al menos la década de 1970. El número de secuestros disminuyó un 85 por ciento y dejaron de ser algo cotidiano en nuestro país. La producción de cocaína en Colombia se desplomó más de un 70 por ciento durante la década de 2000, según cifras de Estados Unidos, aunque se reactivaría en los siguientes diez años. La transformación de las fuerzas armadas de Colombia diezmó a las FARC, lo que terminó por inducir al grupo a que firmara un acuerdo de paz en 2016, poniendo fin así a un conflicto que había acabado con la vida de unos 220.000 colombianos durante los cincuenta años anteriores.

Al mejorar la seguridad, Colombia floreció en muchos otros aspectos. Los inversores se sintieron más confiados y gracias a su fe, junto con el auge de las materias primas, nuestra economía despegó y a menudo creció un 6 o 7 por ciento anual. El PIB de nuestra nación casi se cuadruplicó entre 2000 y 2015, pasando de 100.000 millones a 377.000 millones de dólares. La pobreza se redujo del 64 al 28,5 por ciento al tiempo que la desigualdad también disminuía, aunque solo un poco. El país cambió tanto que incluso se registró un incremento del turismo extranjero procedente de lugares como Estados Unidos y Europa. El eslogan oficial del Gobierno para el turismo era «El único riesgo es que te quieras quedar».

Colombia no se transformó en un paraíso, ni lo es hoy en día. Todavía es un país con niveles inaceptables de violencia, pobreza y desigualdad. Sin embargo, como ejemplo de lo que Estados Unidos y los países latinoamericanos pueden lograr juntos, se lo considera todavía un modelo, tanto entre los republicanos como entre los demócratas. Los diez mil millones de dólares que costó el Plan Colombia entre 2000 y 2015 equivalieron a lo que Estados Unidos gastó en un solo mes en Irak y Afganistán en el momento álgido del conflicto bélico en esos países. Al igual que muchos de mis compatriotas, sigo agradecido de todo corazón al Gobierno y al pueblo estadounidenses por arriesgarse y creer que el progreso era posible.

¿Qué lecciones, pues, nos legó todo esto para la situación que vivimos hoy en día?

Quisiera empezar por lo obvio: parece claro que Washington será mucho menos generoso en los próximos años debido a la tensión financiera derivada de la pandemia, así como a otros cambios ocurridos en las dos últimas décadas. Como Donald Trump demonizó la ayuda exterior, creo que habrá detractores de ella más allá de su presidencia, al menos entre una parte de la opinión pública estadounidense y de sus representantes en el Congreso. Desde luego, estoy convencido de que iniciativas como el Plan Colombia no deben percibirse como «caridad», máxime cuando aportan beneficios tan claros al pueblo estadounidense. Sin embargo, considero que es importante reconocer que el panorama político ha cambiado. Así como en la década de 1990 nadie quería tener nada que ver con Vietnam, en la de 2020 ya nadie va a estar interesado en ser el «policía del mundo». Eso es ser realista.

Ahora bien, mientras pensamos en las futuras formas de colaboración entre Washington y América Latina, me gustaría subrayar que el apoyo de Estados Unidos puede ir mucho más allá del dinero; también tiene que ver con la cooperación. Es posible que suene sentimental, pero lo que ayudó a Colombia, en igual medida que la financiación, fue el entrenamiento que recibieron nuestros militares, así como los numerosos vínculos que se establecieron entre las agencias gubernamentales, y que nos ayudaron a mejorar la capacidad técnica y los recursos humanos del país. El intercambio de información y conocimientos condujo a numerosos avances, entre ellos algunos que el público en general tal vez nunca llegue a conocer del todo. Los sucesivos gobiernos colombianos sabían que sus acciones serían objeto de un escrutinio minucioso, no solo por parte del Gobierno estadounidense, sino también de la opinión pública internacional. Para cualquier país, contar con el «sello de aprobación» de Washington puede tener asimismo un enorme poder de convocatoria, que posibilita que más personas crean en el futuro.

Sin embargo, no funciona en todos los casos. Creo que el Plan Colombia es también una historia de la forma en que pueden cambiar los valores de un país; ese elemento es de vital importancia. No sirve de nada destinar dinero y otros recursos a un problema a menos que un Gobierno —y de hecho toda una sociedad— esté de veras preparado y dispuesto a utilizarlo para transformar la situación. Colombia había experimentado una travesía tan traumática que nuestra sociedad ya estaba preparada, a finales de la década de 1990, para cambiar su forma de actuar y hacer dolorosos sacrificios con el fin de llegar a buen puerto. Si el Plan Colombia se hubiera planteado incluso dos o tres años antes, estoy seguro de que habría fracasado. Pienso al respecto en el contexto de los países, incluidos algunos de Centroamérica, que están interesados en el apoyo de Washington durante la década de 2020, pero que, a decir verdad, no parecen haber llegado aún a ese «punto de ruptura». Algunos miembros de sus élites todavía mantienen estrechas relaciones con el crimen organizado y otras formas de corrupción. En esos casos, no estoy seguro de que un gran paquete de ayuda sea por ahora la medida correcta.

Ya he descrito de manera profusa la importancia de las relaciones humanas y la diplomacia. Por supuesto, considero que fueron fundamentales para superar muchos de los obstáculos que he mencionado al comienzo de este capítulo: burócratas a los que siempre les resultará más fácil decir «no» y esa simple desconfianza en nuestra capacidad de mejorar. Sin embargo, en las dos décadas que han transcurrido desde la aprobación del Plan Colombia, he permanecido en Washington y siempre me ha sorprendido cuán poco invierten algunos países latinoamericanos en su presencia en la capital norteamericana. Como resultado, carecen de ese profundo conocimiento de la política y la cultura estadounidenses que fue tan decisivo para que lográramos la aprobación del Plan Colombia. Algunos gobiernos utilizan sus embajadas como retribuciones políticas; otros no saben aprovechar al máximo la buena voluntad y las redes sociales que se esconden justo bajo la superficie. Por desgracia, Katharine Graham ya no está entre nosotros, pero hay un sinfín de figuras de poder dispuestas a adherirse a una buena causa cuando tienen la ocasión de hacerlo. Nuestros gobiernos podrían y deberían hacer más para que eso suceda.

A la hora de concebir nuevas iniciativas, creo que también es importante observar en qué se quedó corto el Plan Colombia; en concreto, en el objetivo de reducir el flujo de cocaína hacia Estados Unidos. Si bien es cierto que la producción colombiana de coca disminuyó de manera drástica en la década de 2000, esto condujo a la clásica dinámica del «juego inútil», en la que los cultivadores de países como Perú y Bolivia tomaron enseguida el relevo para satisfacer la demanda estadounidense, que por desgracia no varió. En la segunda mitad de la década de 2010, la producción de coca colombiana volvió a dispararse, en gran parte como un inesperado efecto secundario de las negociaciones del Gobierno con las FARC.

Lamento decir que no tengo una respuesta sencilla en relación con este tema. No creo que el *statu quo* siga teniendo sentido, pero tampoco creo que la legalización sea una panacea, sobre todo en el caso de la cocaína. Incluso si la legalización tuviera sentido, no creo que en un futuro próximo fuera viable desde el punto de vista político en el caso de las drogas «duras» en Estados Unidos o en los países latinoamericanos.

En cuanto a la demanda, al igual que muchas personas, en los últimos veinte años he llegado a comprender mejor la naturaleza de la drogadicción y a verla como un problema de salud pública. Desearía que los llamados consumidores «recreativos» de Estados Unidos y otros países se percataran del efecto corrosivo que tiene la cocaína en Colombia, Perú, Bolivia y otros países. En mis sueños, desearía que el movimiento del «consumo consciente» tan de moda hoy en día —que alienta a la gente a no consumir fuagrás u otros productos a menos que sean de origen local, por ejemplo— se extendiera a la gente que asiste a las fiestas en Manhattan o Londres. Si comprendieran de verdad hasta qué punto lo que consumen contribuye a la muerte de otras personas a miles de kilómetros de distancia, creo que las actitudes cambiarían de manera radical. Sin embargo, esa ha sido una batalla perdida, al menos hasta el momento.

Pese a todo, incluso habida cuenta de estos defectos y limitaciones, considero que el Plan Colombia más que valió la pena como inversión para Estados Unidos, dada la estabilidad y seguridad que aportó a nuestro país y al hemisferio occidental en general. Por desgracia, basta mirar a la Venezuela actual para comprender lo destructivo que puede ser un Estado fallido, no solo para sus propios ciudadanos sino también para sus vecinos. Las futuras colaboraciones y acuerdos de ayuda entre Washington y América Latina pueden estar destinados a evitar el desplome de los estados frágiles o a frenar el flujo de migrantes que huyen de la violencia, el cambio climático y el subdesarrollo. Hay razones mucho más convincentes que las drogas para comprometerse con nuestra región.

De hecho, estos días Washington tiene una nueva e importante razón para invertir tiempo, esfuerzos y recursos en América Latina, una que de hecho no existía hace veinte años.

Esa razón es China.

Pekín ha ampliado su presencia en América Latina hasta un punto que nadie habría imaginado a principios de siglo. No cabe duda de que en la década de 2000 China fue el principal motor del auge de las materias primas de nuestra región, lo que dio lugar en muchos países a un sentimiento latente de gratitud y buena voluntad, así como a la esperanza, realista o no, de que China pueda impulsar una nueva bonanza económica en la década posterior a la pandemia de 2020. En la actualidad, Pekín es el mayor socio comercial de varios países de la región, como Brasil, Chile, Perú, Uruguay y otros. En algunos casos, incluso no se hace justicia a la importancia de China: en 2020, las exportaciones de Brasil a dicho país fueron tres veces superiores a las realizadas a Estados Unidos.

China no es exactamente un país nuevo en América Latina; ya en el siglo XVII había establecido rutas comerciales a la región, hasta el punto de que en la segunda mitad de esa centuria había más de cien barberías chinas en Ciudad de México, según los registros de la época. Sin embargo, creo que es justo decir que antes del año 2000 Pekín no conocía muy bien la región. Las tres capitales mundiales más alejadas de Pekín son Santiago de Chile (19.048 kilómetros), Montevideo (19.143) y Buenos

Aires (19.254), y, aunque la distancia física ya no significa mucho en el mundo digital de hoy, en aquel entonces sí que se podían ver las consecuencias de la falta de conectividad, ese tipo de lazos culturales que se materializan cuando los países están cerca a lo largo del tiempo, como ha sido el caso de Estados Unidos. En las embajadas que Pekín tenía en la región, así como en las instituciones multilaterales que trataban con América Latina, era frecuente que el personal no tuviera ni idea de lo que era un taco o una arepa. A veces, los emisarios de Pekín ni siquiera chapurreaban el portugués o el español.

Pues bien, eso ha cambiado. He sido testigo de su creciente sofisticación en los últimos años. Los embajadores de China en países como Chile y Brasil son ahora personalidades activas y conocedoras de las redes sociales que tuitean en el idioma de sus países anfitriones y que a veces entablan debates francos con los políticos locales. Asimismo, China se ha esforzado por familiarizar a los latinoamericanos con su cultura; en los últimos quince años se han inaugurado en toda la región más de cuarenta sedes del denominado Instituto Confucio, donde se enseñan mandarín, caligrafía, lengua y la visión china de la economía y el derecho, entre otras cosas. Marcas chinas como Chery (coches), Lenovo (ordenadores y móviles) y Gree (aires acondicionados) de pronto se volvieron omnipresentes en la región, y Alibaba, la gigantesca empresa minorista de venta online, se situó hace poco en el cuarto lugar en América Latina entre los usuarios mensuales de esa categoría. La movilidad de nuestra población hacia China también ha aumentado, de modo que hay peruanos que abren restaurantes en Pekín, brasileños que dirigen empresas de tecnología, artistas mexicanos que inauguran enormes exposiciones en la Bienal de Shanghái, etc., aunque nuestros vínculos comerciales y culturales con Estados Unidos sean todavía mucho más fuertes.

Para algunos políticos latinoamericanos, sobre todo de la izquierda, China parece encarnar una fantasía que han mantenido durante años: un benefactor extranjero con tanto dinero como Estados Unidos, pero sin su bagaje. Durante décadas, la Unión Soviética trató de desempeñar ese papel; en fecha más reciente, en la década de 2000, lo hizo Venezuela cuando regó el continente con parte del dinero ingresado por medio de la venta de petróleo. Hoy es Pekín. Y sin duda alguna lo ha aprovechado, al destinar dinero no solo al comercio, sino a inversiones de ladrillo y hormigón como embalses, puertos, redes eléctricas e incluso una estación espacial un tanto misteriosa en Argentina. Los proyectos chinos apenas exigen el tipo de criterios de gobierno o al menos la sensatez empresarial que suele exigirse en Occidente. Como dijo una vez el ecuatoriano Lenín Moreno, China «nos ha dado crédito sin hacer preguntas difíciles». De hecho, a veces parece que las inversiones de Pekín tienen motivos geopolíticos —es decir, afianzarse a largo plazo en la esfera de influencia histórica de Washington— más que la intención de obtener alguna ganancia.

No cabe duda de que, al hacerlo, Pekín ha propiciado algunos comportamientos inadecuados. La última conversación telefónica que mantuve con Hugo Chávez antes de su muerte por cáncer en 2013 fue bastante civilizada. Chávez era casi siempre jovial y encantador en nuestras reuniones, a pesar de que sabía que yo era un firme detractor de sus acciones antidemocráticas y de su desastrosa gestión económica. Me preguntaba por mi familia y me obsequiaba con sus relatos sobre Simón Bolívar y la historia de Venezuela. En esa conversación en particular, yo tenía un objetivo más serio: tratar de averiguar si podíamos establecer incluso las condiciones mínimas necesarias para que el BID pudiera apoyar algunos proyectos en Venezuela, en un momento en que el auge del petróleo estaba a punto de tocar a su fin y todos estábamos preocupados por la suerte del pueblo venezolano. Chávez suspiró en tono lacónico. «Mire, estaría encantado de trabajar con usted —dijo—, pero ya sabe que tengo todos estos bancos chinos».

De hecho, los bancos de desarrollo chinos llegaron a invertir más de sesenta mil millones de dólares en Venezuela. Al ignorar hasta las normas más básicas —y conceder préstamos que las instituciones con sede en Occidente, incluido el BID, jamás habrían soñado—, Pekín no solo propició el comportamiento destructivo de Chávez y de su sucesor, Nicolás Maduro, sino que además incurrió en enormes pérdidas. Se trata de deudas que Caracas, casi con toda seguridad, nunca podrá pagar. He oído a funcionarios chinos decir en privado que ahora consideran un error toda su experiencia en Venezuela. Algunos estudios muestran que después de haberse pillado los dedos por esta y otras malas decisiones, así como por la desaceleración económica de la región, los préstamos soberanos de China a América Latina se han estancado en los últimos años.

Mi presidencia en el BID coincidió con el ascenso de China en la región. Pekín había presionado durante mucho tiempo para convertirse en miembro y accionista del banco, pero había encontrado resistencia por parte del Departamento del Tesoro y de otros entes. Eso empezó a cambiar cuando Hank Paulson, que conocía bien al país asiático, se convirtió en secretario del Tesoro de Bush en 2006.

Le dije a Paulson que no tenía sentido excluir a los chinos, sino que sería mejor contar con ellos «desde dentro», es decir, que participaran en instituciones como el BID y conforme a las reglas y normas desarrolladas por Occidente, en lugar de que trabajaran contra nosotros a través de sus acreedores.

Paulson aceptó, y en 2009 el Gobierno chino se convirtió en miembro y accionista del banco. Fue algo más bien simbólico; al principio solo detentaba el 0,004 por ciento del capital y se convirtió en el tercer miembro de Asia oriental del BID después de Japón y Corea del Sur, que se habían incorporado en 1976 y 2005. No obstante, la medida causó un gran revuelo y algunos en Washington, incluidos ciertos republicanos, me acusarían durante años de ser «partidario de China».

En realidad, siempre fui consciente de los pros y contras de entablar relaciones con Pekín. Le gustara o no a Washington, China empezaba a tener una influencia enorme en la región, en parte porque Estados Unidos estaba distraído con sus guerras en Oriente Próximo y la crisis financiera mundial y no les prestaba suficiente atención a nuestros países. Los estados que eran miembros accionistas del BID, incluso aquellos muy alineados con Estados Unidos como Colombia y Chile, querían que los chinos tuvieran una silla en la mesa para propiciar un acercamiento. Decidimos mantener los ojos bien abiertos e invitar a Pekín a participar.

Esta decisión daría lugar, un decenio más tarde, a uno de los momentos más polémicos de mi paso por el BID. Las reuniones anuales del banco tienen lugar en una ciudad diferente cada año, y decidimos que la de 2019 se celebrara en Chengdu (China), un reconocimiento más del creciente peso de China en la región en los diez años transcurridos desde que se convirtiera en accionista. Pero en enero, dos meses antes del encuentro, la situación cambió de manera radical. Como resultado de un nuevo fraude electoral en Venezuela, muchos gobiernos, entre ellos los de Argentina, Brasil, Canadá, Chile, Colombia, Perú y Estados Unidos, reconocieron como presidente legítimo del país al líder de la oposición, Juan Guaidó, y no a Maduro.

Los accionistas del BID también decidieron reconocer a Guaidó. Pensé que era importante apoyar cualquier esfuerzo para restablecer la democracia en Venezuela, y que eso nos permitiría prestarle una ayuda más inmediata al país en caso de que Maduro fuera derrocado. Esta decisión también implicó que Guaidó podría nombrar al representante de Venezuela ante el banco —se decantó por el conocido economista de Harvard Ricardo Hausmann— que iba a asistir a la cumbre en China. No obstante, esto le planteó un dilema a Pekín, que aún mantenía estrechas relaciones con Maduro. Al final, optó por no aceptar en la conferencia a ninguna delegación venezolana, ni de Maduro ni de Guaidó, una decisión que al parecer pretendía eludir la polémica, pero que terminó por no satisfacer a nadie.

Me pareció una decisión desatinada y carente de visión por parte de los dirigentes chinos. No estaban en sintonía con casi nadie en el hemisferio occidental. De hecho, incluso el canadiense Justin Trudeau, que no es un ideólogo de derechas, había decidido apoyar a Guaidó. Así se lo manifesté a los líderes chinos en conversaciones privadas mientras tratábamos de salvar la reunión. Tengo la sensación de que los funcionarios de rango medio con los que tratamos directamente podrían haber estado de acuerdo con nosotros, y quizá hasta dispuestos a transigir o a dar marcha atrás, si la decisión hubiera dependido de ellos. Sin embargo, aunque nunca pude confirmarlo, parecía que sus jefes, altos miembros del Partido Comunista, veían esta controversia (en mi opinión, de manera errónea) no como una cuestión de América Latina, sino ante todo como un enfrentamiento entre Washington y Pekín.

Por esa razón, los chinos no se mostraron dispuestos a echarse atrás. No tuvimos más remedio que cancelar la reunión y trasladarla a otro lugar; al final, se celebró más adelante, ese mismo año, en Guayaquil. Y si bien es cierto que, con el paso del tiempo, Maduro sobrevivió al desafío de Guaidó y permaneció en el poder, considero que cualquier rédito que China obtuviera por mantener sus lazos con Venezuela se vio superado con creces por el daño que sufrió su reputación en otros lugares de la región por apoyar un régimen antidemocrático. Muchos dijeron que esta alianza mostraba la verdadera cara de Pekín. Al cabo de tantos años de crecimiento, es evidente que China entiende mejor ahora que antes a América Latina, pero aún no está claro cuál será el papel de los valores e intereses chinos en una región como la nuestra, que aprecia la democracia, la libertad política y la libertad individual.

El episodio de Chengdu, entre otros, ha alimentado la percepción de que América Latina está destinada a convertirse de nuevo en un campo de batalla, al estilo de los de la Guerra Fría, entre dos potencias, en este caso Washington y Pekín. En los palacios de gobierno, en las salas de juntas de las empresas y en los *think tanks*, muchos creen que nos dirigimos hacia una crisis en la que los países tendrán que elegir entre una superpotencia o la otra. Esta sensación de escisión inminente la han agudizado las acciones de los líderes de esos países en los últimos años, ya que Xi Jinping acentuó el carácter autoritario del Partido Comunista, mientras que Donald Trump buscó rebalancear las relaciones comerciales y estratégicas con Pekín.

La aparición del nuevo coronavirus en el interior de China complicó aún más las relaciones entre Washington y este país. Tal vez lo más importante sea que el estamento del Partido Demócrata dedicado a la política exterior es mucho más escéptico con respecto a Pekín de lo que lo era incluso durante los años de Barack Obama. Ahora está muy claro que el Gobierno de Biden no va a «hacer retroceder el reloj» a como estaban las cosas, por ejemplo, en 2012. Por su parte, me parece que China no pretende una gran confrontación con Estados Unidos ni una desvinculación importante en términos económicos. Con todo, parece que una nueva dinámica, más hostil y quizá similar a la de la Guerra Fría, ha llegado para quedarse.

En los últimos años, he sostenido un sinfín de conversaciones sobre este tema con mandatarios latinoamericanos y puedo decir que la idea de tener que elegir entre Washington o Pekín le quita el sueño a la mayoría de ellos. Estamos mucho más ligados a Estados Unidos no solo en cuanto a vínculos culturales e intelectuales, sino también en materia de política exterior (seguridad y defensa). No obstante, las sumas de dinero que mueven el comercio y las inversiones chinas son sin duda enormes, y ningún gobierno quiere darles la espalda, sobre todo cuando nuestras economías atraviesan dificultades en medio de la pandemia.

Esta ecuación ha frenado incluso a los líderes latinoamericanos más críticos con Pekín y alineados a todas luces con Washington. Como prueba de ello, consideremos el caso de Jair Bolsonaro. En su campaña desplegó con regularidad una retórica contra China, acusándola de «querer comprar Brasil» y prometiendo tomar medidas enérgicas si resultaba electo. Sin embargo, una vez que llegó a la presidencia a principios de 2019, Bolsonaro cambió el tono y el *statu quo* ha prevalecido en gran medida. Incluso a pesar de que el «ídolo» confeso de Bolsonaro, Donald Trump, le instó a reducir los lazos con Pekín, no se ha materializado casi ninguna medida concreta. En 2019, durante un viaje que Bolsonaro realizó a Washington, los periodistas le preguntaron por China cuando estaba al lado de Trump, y se limitó a decir: «Brasil hará tantos negocios como sea posible con el mayor número de países».

De manera un tanto similar, Iván Duque, presidente de otro firme aliado de Estados Unidos, realizó un largo viaje a China a finales de 2019 y manifestó su deseo de que Colombia fuera la «puerta de oro» que permitiera al país asiático entrar en América Latina. Mauricio Macri, el presidente conservador de Argentina hasta 2019, insistió en calificar a China como «un socio estratégico imprescindible». Más recientemente, el presidente de Ecuador Guillermo Lasso viajó a Pekín durante los Juegos Olímpicos de 2022 para abrir conversaciones sobre un nuevo acuerdo comercial.

Estos casos ilustran el motivo por el que considero que, en última instancia, lo mejor para los gobiernos y el sector privado de América Latina es no dejarse arrastrar a una nueva confrontación bilateral. Lo mejor para nosotros es trabajar con ambos países, sin dejar de reconocer que la naturaleza de las relaciones será diferente. Algunos han dicho que los países latinoamericanos deberían considerar a China más como un cliente y no tanto como un aliado. Otros han afirmado que solo debemos estar atentos y hacer todo lo posible para garantizar que las inversiones y los proyectos de infraestructura chinos produzcan beneficios económicos para nuestras naciones y que no conduzcan a más corrupción ni socaven nuestro Estado de derecho.

A menudo, la gente me pregunta qué debería hacer Washington para competir con Pekín a medida que avanzamos. Estados Unidos tiene algunas desventajas relativas; a diferencia de China, no puede limitarse a ordenar a las empresas de la lista Fortune 500 que se arriesguen a invertir en América Latina. Aun así, tampoco me parece apropiado que los funcionarios estadounidenses levanten el dedo en señal de advertencia a los latinoamericanos sobre los peligros de Pekín, como ha sucedido a veces en los últimos años. Esto desanima a la gente, porque parece que Washington se refiere a sus propios intereses más que a los nuestros.

Otros en la capital estadounidense han tratado de contrarrestar el ascenso de Pekín a través de competitivos programas de inversión con nombres rimbombantes que recuerdan a la «Alianza para el Progreso» de la década de 1960. A título personal, no obstante, considero que la forma más eficaz que tiene Estados Unidos de competir con China por la cooperación de América Latina es volver a defender los valores que a lo largo de los años lo convirtieron en nuestro aliado natural: la democracia, la libertad personal y las relaciones comerciales y de política exterior que son beneficiosas para todos. Por supuesto, estos valores nunca fueron llevados a la práctica de manera perfecta, pero en los últimos años se han visto sometidos a una presión particular, y por ello las aguas se enturbian un poco cuando nuestros políticos y empresarios comparan a Washington con Pekín.

Ahora bien, no se me ocurre un líder mejor posicionado para mejorar la relación entre Estados Unidos y América Latina que Joe Biden. Conoce nuestra región de manera excepcional, ya que nos visitó a menudo como senador y nada menos que trece veces como vicepresidente, después de que Barack Obama lo convirtiera en una especie de emisario para el resto del hemisferio occidental. Hay algo en la personalidad de Biden que tiene tirón en América Latina; es sociable, pero además sabe escuchar, lo cual no es habitual entre los políticos estadounidenses, a los que no suele costarles nada decirnos lo que tenemos que hacer. Fue capaz de articular ideas y presionar en favor de un cambio positivo sin levantar el dedo y, en cierto modo, encarnó los mejores valores democráticos y cualidades de estadista de Estados Unidos.

Si Estados Unidos pudiera volver a ser el país que tuvo la visión y buena voluntad de vecino de poner en marcha el Plan Colombia, que aceptó a millones de latinoamericanos como inmigrantes y que proporcionó a tantos como yo una educación excelente durante nuestra juventud, esa sería la mejor ventaja competitiva de todas.

4

Descubrir, y empoderar, a los futuros Gastones Acurios

A lo largo de los años, he conocido a muchos empresarios extraordinarios y creativos, pero ninguno me ha impresionado tanto como Gastón Acurio.

En cierta ocasión, *The Washington Post* se refirió a Gastón como «el chef que puso en el mapa a la cocina peruana», y estoy seguro de que es cierto. Pero lo que más admiro de Gastón es la forma en que ha promovido a otras personas; ha utilizado su imperio de restaurantes para fomentar toda una industria de productores y proveedores artesanales a pequeña escala, al tiempo que ha allanado el camino para que miles de otros chefs peruanos tengan éxito en su país y en todo el mundo. Pienso en él como un modelo no solo del sector culinario, sino de cómo podemos explotar mejor una de las mayores y más desaprovechadas riquezas de América Latina: nuestra enorme cantera de talento creativo.

Gastón nació en una familia más bien privilegiada de Lima; su padre era senador y se esperaba que él también se dedicara a la política. Sin embargo, desde muy temprano mostró su auténtica naturaleza rebelde. Durante un tiempo tocó en un grupo de heavy metal; luego abandonó la carrera de Derecho y al final estudió en Le Cordon Bleu, el famoso instituto culinario de París. Al regresar a Lima en 1994, Gastón abrió un restaurante francés;

al parecer, lo más lógico, pero pronto se aburrió y empezó a experimentar con ingredientes más locales.

La moda de los ingredientes locales ha causado furor en el mundo en los últimos años, pero pocos países tienen tantos recursos para trabajar en este campo como Perú. El país alberga varios ecosistemas diferentes: el desierto a lo largo de la costa del Pacífico, la cordillera de los Andes y la selva amazónica, cada uno con su flora y fauna características. La corriente de Humboldt arrastra el agua fría desde la Antártida hasta la costa peruana, lo cual da lugar a una abundancia casi inimaginable de peces, calamares y otras delicias. Además, existe una excepcional mezcla de culturas, que tiene su propia tradición culinaria y que incluye a los incas y otros pueblos precolombinos, así como a los españoles, a otros europeos y hasta a los descendientes del gran número de inmigrantes japoneses y chinos que llegaron a Perú hace un siglo.

Estos factores confluyeron para dar origen a una gastronomía única que permite degustar todas esas influencias en platos como el clásico lomo saltado, una combinación de bistec, patatas y tomates salteados con salsa de soja, al estilo asiático. Pero, a decir verdad, la comida peruana no era muy famosa fuera del país, ni siquiera en algunas regiones de Latinoamérica.

Gastón fue una pieza fundamental para cambiar dicho panorama al recrear algunos de esos platos clásicos. Entre ellos se encuentran un bistec de alpaca, un guiso de costilla de ternera con cilantro y un plato al estilo del pato pequinés que en realidad se preparaba con cuy, un manjar de los Andes. Hacia comienzos de la década de 2000, semejantes creaciones habían llamado la atención de los críticos gastronómicos de todo el mundo, que volvieron a examinar la cocina peruana en su conjunto y se dieron cuenta de lo extraordinaria que es en realidad.

En poco tiempo, Perú se convirtió en uno de los principales destinos de los sibaritas trotamundos, pues cuenta con algunos de los platos más publicados en Instagram de todo el planeta. En una reciente edición de la lista anual de los cincuenta mejores restaurantes del mundo que publica la revista *Restaurant*, solo tres ciudades figuraban con tres registros, Nueva York, Londres y Lima. En otras palabras, ni siquiera París cosechó semejante reconocimiento.

Ahora bien, considero que la faceta más genial de Gastón se encuentra fuera de la cocina; radica en su forma de enaltecer a la gente. Para contar con los ingredientes más locales posibles, desarrolló una cadena de suministro de pequeños pescadores que trabajan en la costa del Pacífico, así como de agricultores y productores que se extiende hasta los elevados Andes e incluso hasta la Amazonia. Además, se propuso lograrlo de modo que pudieran ganarse la vida de forma sostenible y atraer a un mayor número de personas a la parte más vibrante de la economía peruana.

Uno de los lemas de Gastón es que la comida puede aprovecharse «no solo para hacer feliz a la gente, sino para transformar su vida». En el reciente documental *Perú sabe. La cocina, arma social*, Gastón aparece hablando con muchas personas cuyas vidas ha ayudado a transformar. Entre ellas, un antiguo agricultor de hoja de coca cuenta con lágrimas en los ojos que pensó que el comercio de la droga iba a enriquecerlo, pero que sus dos hermanos murieron a causa de la violencia. El agricultor luego explica, aún entre lágrimas, cómo el cultivo del cacao le permitió integrarse en la economía legal y ganarse la vida de manera honrada.

Gastón eligió Pachacutec, una comunidad de la clase popular ubicada en el extremo norte de Lima, sin suministro de agua potable ni alcantarillado, para construir un instituto culinario de categoría mundial. Cada año hay quinientos aspirantes y solo se acepta a veinticinco para que realicen un programa de estudios de dos años, con un coste casi diez veces menor de lo que supondría tal educación en circunstancias normales. También ha trabajado para que esas comunidades de clase popular tengan acceso a la mejor comida de Perú. Gran parte de la alta cocina en América Latina es inaccesible; los restaurantes suelen ser un refugio de los ricos, donde es posible fingir que los pobres no existen. Pero una vez al año se celebra un festival en Lima en el que cualquiera puede ir a almorzar o cenar a uno de estos restaurantes por unos dos dólares.

Este tipo de actividades, así como sus platos, le han valido a Gastón la admiración de los chefs de todo el mundo. Cuando lo conocí a finales de la década de 2000, estaba en plena construcción de un imperio, tratando de crear una lonja en Lima como la de San Francisco. Lo invitamos a la sede del BID en Washington cuando presentamos un documental que protagonizaban él y el reconocido chef español Ferran Adrià. Después nos reunimos en Minibar, un famoso restaurante, donde él y el chef español José Andrés —otro emprendedor que ha aportado mucho a la comunidad en numerosos países— nos deleitaron con historias y compitieron para ver quién preparaba el mejor plato.

Hasta ahora, Gastón ha creado una cadena de restaurantes de talla mundial, pero al hablar con él lo que más le enorgullece es la expansión de la cocina peruana en general. A finales de la década de 2000, se calculaba que había unos doscientos restaurantes peruanos fuera del país; hoy en día, hay al menos cuatrocientos solo en Estados Unidos y el número es cada vez mayor, según la Asociación Peruana de Gastronomía. Se calcula que, en Lima, el 5 por ciento de la población en edad laboral trabaja en el sector de la gastronomía y la hostelería. Resulta sorprendente que los casi 135.000 empleos generados por los restaurantes de la ciudad superan el número de puestos de trabajo de la industria minera peruana, que suele considerarse mucho más importante.

Tal y como dijo con asombro Ferran Adrià, el chef español, después de un viaje a Perú: «Allí los muchachos no quieren ser estrellas del fútbol. ¡Quieren cocinar!».

Las preguntas que me intrigan son: ¿qué es lo que posibilita una historia tan exitosa como la de Gastón?; ¿cómo se puede descubrir y capacitar a más personajes como él, y no solo en el sector gastronómico, sino también en el cine, la arquitectura, la moda y otras formas de expresión creativa? Es algo que va más allá de disfrutar de una comida deliciosa o de buenas películas; se trata de encontrar un nuevo motor para nuestras economías en el siglo XXI, uno que implore que lo aceleremos.

La economía creativa, a veces llamada «economía naranja» por la asociación de ese color con la creatividad, apenas mereció durante años la atención ni el respeto de los economistas convencionales, que le atribuían una importancia secundaria, sobre todo en mercados emergentes como el nuestro.

Vaya si fueron cortos de miras. Según un reciente estudio de la Unesco, la economía naranja representa alrededor de 2,25 billones de dólares a escala mundial, una cifra superior a la producción anual de bienes y servicios de India (1.900 millones de dólares). Se calcula que la economía naranja da empleo a unos treinta millones de personas en todo el mundo. El término abarca una serie de sectores creativos, y, aunque las definiciones a veces cambian, las categorías principales de la economía naranja son la televisión (477.000 millones de dólares), las artes visuales (391.000 millones) y los periódicos y revistas (354.000 millones). La moda, los videojuegos y los juguetes, la música y la publicidad también suelen incluirse en esta categoría.

La economía naranja es un campo en el que América Latina debería ser líder, según todos los pronósticos, máxime ahora que nuestra economía se recupera tras la pandemia en un mundo más hambriento de contenido que nunca. Cada uno de nuestros países tiene su propia cultura única y seductora. Contamos con una larga lista de figuras de la cultura reconocidas a escala global, desde cantantes como Shakira, Juanes, Wyclef Jean y Carlos Vives (que ha hecho por la música mucho de lo que Acurio ha logrado en el ámbito culinario) hasta artistas como Romero Britto, Luz Donoso y Antonio Berni. Nuestra región alberga 131 lugares inscritos en la Lista del Patrimonio Mundial, de los cuales 91 son de interés cultural. Nuestra tradición literaria no tiene rival. Cineastas latinoamericanos como Alfonso Cuarón y Fernando Meirelles han conquistado Hollywood en los últimos años. Las empresas de consultoría han tomado nota de ello; un reciente informe de Ernst & Young (EY) sobre economía creativa señalaba que «el potencial y las oportunidades en [América Latina] son sorprendentes».

Sin embargo, por increíble que parezca, varios estudios han dejado claro que se trata de otro ámbito en el que nuestra región rinde por debajo de lo esperado, y se habla más en términos de potencial que de resultados. Antes de la pandemia, la economía naranja solo generaba unos 124.000 millones de dólares al año en América Latina, es decir, alrededor del 2,2 por ciento del PIB de la región; se trata de un porcentaje de la producción económica mucho menor que el que generan las empresas creativas en Europa, América del Norte y Asia. Aunque tenemos el 8 por ciento de la población mundial, solo el 1,8 por ciento de los bienes creativos exportados en el mundo proceden de América Latina, según la Unctad, el organismo de Naciones Unidas que se ocupa del comercio y la inversión. El siguiente gráfico muestra nuestro enorme retraso con respecto a otras regiones del mundo en cuanto al tamaño relativo de la economía naranja:

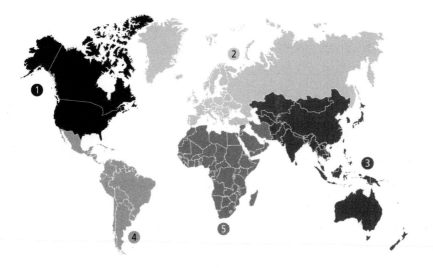

1. Norteamérica: ingresos, 620 mM; empleos, 4,7 M; 3,3 % del PIB regional
2. Europa: ingresos, 709 mM; empleos, 7,7 M; 3 % del PIB regional
3. APAC: ingresos, 743 mM; empleos, 12,7 M; 3 % del PIB regional
4. América Latina y Caribe: ingresos, 124 mM; empleos, 1,9 M; 2,2 % del PIB regional
5. África y Oriente Próximo: ingresos, 58 mM; empleos, 2,4 M; 1,1 % del PIB regional

Fuente: Cultural times: el primer mapa mundial de las industrias culturales y creativas, EY, 2015. Cifras redondeadas.

Para ser sincero, me dan ganas de tirarme de los pelos. A nuestra región le sobra talento creativo, que solo espera que lo aprovechemos. ¿Cómo es posible que no le saquemos todo el partido posible?

En la actualidad, esto tiene una importancia particular. Los estudios han demostrado que la economía naranja tiende a ser muy resiliente en tiempos de crisis. Durante el desplome financiero de 2008-2009, sufrió menos que casi cualquier otro de los principales sectores. Esta vez, la pandemia ha golpeado con dureza a muchos trabajadores creativos; hasta el 90 por ciento de ellos poseen pequeñas empresas o trabajan en la vasta economía informal, según algunas estimaciones, lo cual los dejó en una situación bastante vulnerable. No obstante, se trata de un arma de doble filo, porque la pandemia también aumentó el apetito por contenido de calidad, pues gran parte de América Latina quedó atrapada en casa, con la mirada fija en la pantalla del televisor o —más bien— del teléfono.

En el BID siempre hemos creído que a la economía naranja hay que considerarla un recurso económico vital, merecedor de un trato tan estratégico y digno de apoyo y atención como la minería, la energía o la agricultura. En los últimos cuarenta años, América Latina ha dependido en gran medida del precio de las materias primas y del crecimiento demográfico para impulsar la economía. Sin embargo, el aumento de la población es cada vez más lento y hemos visto con claridad los peligros de depender demasiado de las materias primas. Además, es lógico que, a medida que vivamos más tiempo y trabajemos menos, el entretenimiento y otras formas de cultura se vuelvan aún más importantes.

El banco ha apoyado a los artistas y empresarios creativos durante la mayor parte de su historia. Hace unos diez años, nos sumergimos de lleno en el estudio de los retos a los que se enfrentaban y de la manera en que podíamos tratar de ayudarles. En 2018 publicamos los resultados de un estudio sobre los niveles de bienestar de más de doscientas empresas creativas de toda la región, desde su salud financiera hasta su estructura empresarial, así como de los niveles de satisfacción personal del principal empresario. A continuación, con estos datos se alimentó un algoritmo que dio a cada empresa una puntuación en una escala del 1 al 10, en la que 10 correspondía a una empresa próspera.

Por desgracia, la calificación media fue de 3,4. Los empresarios citaron todo tipo de problemas, tales como una formación insuficiente, su preocupación por la falsificación o la piratería y, sobre todo, la falta de acceso a financiación. La mitad de los encuestados afirmaron que habían financiado su negocio con recursos propios, y otro 20 por ciento dijo que había obtenido el capital inicial de familiares o amigos. Un preocupante 58 por ciento explicó que su trabajo creativo no producía suficientes ingresos para cubrir los gastos de mantenimiento.

Todo esto puede ayudar a explicar por qué tantas de las empresas estudiadas eran pequeñas; tres cuartas partes de las que entrevistamos tenían apenas uno o dos empleados. Y la preocupación por la estabilidad de la empresa era constante. De hecho, mientras que la vida media del conjunto de las empresas en América Latina es de unos tres años, las creativas tienen una vida aún más corta: solo llega a los 2,44 años.

Es un panorama desalentador, pero no por ello irremediable. Entretanto, muchas personas valiosas han identificado las soluciones y aportado el mismo brío que imprimen a su vida creativa para resolver algunos de nuestros cuellos de botella más relevantes.

En la década de 2000, conocí a un colombiano de veintitantos años que trabajaba en el BID. Antes de dejar el banco, Iván Duque, que terminaría siendo presidente del Gobierno colombiano, fue el coautor de un libro titulado *La economía naranja. Una oportunidad infinita*, en el que exponía muchos de los retos, pero en el que también esclarecía aquellos aspectos en los que América Latina ha sido más competitiva en este sector hasta la fecha. Tras su llegada a la presidencia, Iván prosiguió con la defensa de este proyecto y se fijó el objetivo de duplicar el tamaño de la economía creativa en Colombia hasta que alcanzara el 10 por ciento del PIB.

El mencionado libro y otras publicaciones posteriores documentan numerosos ámbitos en los que América Latina sobresale en el mundo creativo. Estos, a su vez, ofrecen pistas sobre aquellos en los que nuestra región podría tener más éxito.

En mi opinión, hay tres en particular que destacan.

El primero es la televisión. Nuestra región ha producido series de gran aceptación como *Yo soy Betty, la fea*, que empezó en Colombia y luego tuvo un enorme éxito en Estados Unidos (como *Ugly Betty*) e incluso llegó a tener una versión china, *Chou nu Wu Di*. Televisa, la principal cadena de televisión de México, se ha asociado con empresas chinas para producir versiones locales de telenovelas. Según el informe de EY que he mencionado antes, de cada quince mil horas de programación que Argentina produjo en 2015, exportó dos mil a los mercados internacionales. Argentina y Colombia estuvieron entre los cinco mayores exportadores mundiales de formatos y guiones, junto con Gran Bretaña, Estados Unidos y España. Las telenovelas latinoamericanas y otros programas se ven en Estados Unidos, los Balcanes, Francia y en países tan lejanos como Rusia. Este sector es también un ejemplo singular de que nuestros países exportan no solo a Asia o Europa, sino sobre todo a otros de la región; el mayor mercado, de lejos, de las telenovelas mexicanas son otros países de América Latina.

El segundo ámbito, más novedoso, en el que América Latina sobresale es el de los videojuegos. Algunos estudios afirman que es el segmento de la economía naranja con un mayor auge a escala mundial y que ese crecimiento es más rápido en América Latina que en cualquier otra región. En 2019, el volumen de facturación de los videojuegos fue de 5.600 millones de dólares en América Latina y crecieron alrededor de un 11 por ciento en comparación con el año anterior, una cifra en verdad sorprendente. Incluso las grandes empresas de otros sectores han comprendido el potencial que tienen. En Colombia, por ejemplo, Rappi, más conocida por sus servicios de entrega de pedidos a domicilio, ha entrado en la industria de los videojuegos y la música, lo que la convierte en un competidor potencial de Spotify y otras compañías.

Algunos de los juegos diseñados en América Latina han tenido un éxito rotundo, como *Trivia Crack*, disponible en más de quince idiomas y producido por Etermax, con sede en Buenos Aires; durante un largo periodo fue la aplicación gratuita de la Apple Store más descargada del mundo. El fundador de Etermax, Máximo Cavazzani, está entre quienes han afirmado que intentar crecer en los difíciles entornos latinoamericanos, con crisis periódicas y dificultades recurrentes para acceder al capital, es un «buen filtro para los emprendedores». Puede que sea el ejemplo clásico que busca el lado bueno de una mala situación, pero entiendo lo que quiso decir. Trabajar bajo presión ha contribuido a que las empresas latinoamericanas de todo tipo, pero en particular las tecnológicas, sean más competitivas en la escena mundial; desde el primer momento suelen ser más ingeniosas y dinámicas que sus rivales, ya que en gran medida no tienen otra opción.

Muchos de los videojuegos desarrollados en nuestra región no son un simple entretenimiento, sino que también sirven como herramienta educativa; algunos de ellos son geniales a la hora de dar a conocer las comunidades vulnerables y aquellas cuya historia debería ser más difundida. Por ejemplo, un juego brasileño llamado *Huní kuin. Os caminhos da jiboia* fue ideado en colaboración con la tribu de los huní kuin, que habita la frontera entre Brasil y Perú, y muestra su cultura a través de canciones, gráficas y rituales. Otro juego paraguayo llamado *Y'apo* describe la forma en que los indígenas fueron expulsados de sus tierras para hacerles lugar a los cultivos de soja.

El tercer ámbito sólido de la economía naranja es uno del que mucha gente hace caso omiso, pero que me parece de vital importancia.

Si nos remontamos unas décadas atrás, nuestra región era quizá más conocida por nuestros escritores; por figuras como Gabriel García Márquez, Paulo Coelho y Jorge Luis Borges, de la época dorada de la literatura latinoamericana, la de las décadas de 1960 y 1970. Esa época, por supuesto, terminó. La gente ya no lee ese tipo de libros en la misma medida en que lo hacía antes, y soy el primero en admitir que es algo que me entristece. No obstante, siempre trato de recordar que las plataformas cambian y que la creatividad permanece. Puede que los genios líricos de hoy en día prefieran centrar sus esfuerzos en las plataformas digitales de internet antes que en la página escrita.

En este sentido, considero que nos debe impresionar la forma en que los latinoamericanos han llegado a dominar las plataformas de las redes sociales, como YouTube e Instagram. El *youtuber* más popular de la región es el músico, guionista y director brasileño Konrad Dantas, más conocido como KondZilla, quien cuenta con la impresionante cifra de 59,8 millones de seguidores, lo que le sitúa entre los diez primeros del mundo. Empezó su aventura con una simple cámara Canon en su habitación y organizó sus primeras reuniones en la zona de restaurantes de los centros comerciales. A la postre, su talento tanto para la música como —igual de crucial— para contar historias le permitió llevar el funk brasileño de las favelas a un público más amplio. En 2019 empezó a trabajar en una serie de Netflix, lo que confirma su amplitud de miras. En total, sus vídeos han acumulado más de 26.000 millones de visitas.

Otros con una enorme audiencia son el comediante y escritor chileno Germán Garmendia Aranis (41 millones de seguidores en YouTube) y el brasileño Felipe Neto (39 millones). Han amasado fortunas considerables a partir de su trabajo en el campo de la publicidad y el patrocinio y algunos de ellos ya han adquirido una enorme influencia política; Neto, por ejemplo, se ha convertido en un influyente y ruidoso opositor del presidente brasileño Jair Bolsonaro. Una vez más, algunos sectores tradicionales no respetan mucho a estos artistas, pero, dado que América Latina cuenta con algunos de los usuarios más entusiastas de las redes sociales, pienso que no han hecho más que emigrar adonde está la acción y que su trabajo debería reconocerse en igual medida que el de Gabo.

¿Qué se puede deducir, pues, de estas historias de éxito?

A mi juicio, una de las lecciones tiene que ver con la escala. Al parecer, muchos casos de éxito en América Latina consisten en un individuo que trabaja solo, como suele ocurrir con los *youtubers*, o en empresas mucho más grandes, tales como las de videojuegos o, en particular, las de producción audiovisual, donde los empleados se cuentan por cientos o miles. Esto es algo en parte natural; las empresas que tienen éxito tienden a crecer. Pero también revela una debilidad estructural que vemos a menudo en nuestra región: la necesidad de apoyar a las pequeñas empresas de, por ejemplo, entre dos y cinco empleados, que con frecuencia trabajan al borde de la formalidad y constituyen un porcentaje muy elevado de los recursos humanos en la economía naranja.

Una queja habitual que nuestros investigadores oían cuando hablaban con personas de este grupo precario que acaba «atascado en medio» era que carecían de los conocimientos prácticos necesarios para ampliar sus negocios. Esto no se debía solo a los motivos de siempre, como el difícil acceso a la financiación o los elevados tipos de interés de los préstamos. De hecho, ni siquiera era una cuestión de cuántos años había ido alguien a la escuela; muchos, de hecho, eran licenciados universitarios. Se trataba más bien de la utilidad de la educación que habían recibido. Un diseñador de Chihuahua les dijo a nuestros investigadores: «En ninguna escuela enseñan aspectos como el trato al cliente o la gestión [de una empresa]».

¡Y luego nos preguntamos por qué fracasan! La educación en esta región del mundo se centra muy a menudo en la memorización o en el aprendizaje de conceptos obsoletos. Parece que queremos que todos nuestros hijos sean abogados, y por eso no les enseñamos las aptitudes prácticas necesarias para poner en marcha un negocio, publicitarlo y luego expandirlo a escala mundial o al menos nacional.

Debido a estas carencias, muchos emprendedores creativos se ven obligados a consultar las redes de amigos y familiares para poder entender cómo salir adelante. Esto llevó a nuestros colaboradores a otro ámbito donde se necesita ayuda. «La asesoría —escribieron— es otra área de oportunidad que la cultura latinoamericana podría adoptar de las tradiciones anglosajonas». Existen organizaciones como Endeavor que procuran llenar ese vacío y que brindan asesoría, apoyo financiero y acceso a redes empresariales (así como a inversores) en el extranjero. En el caso de quienes no pueden acceder a esos grupos, un director general señaló que la tecnología informática en la nube es una forma de conectar a las personas que no viven en el mismo país, para que puedan compartir experiencias.

Existen otras estrategias para dar a las empresas una oportunidad de expansión, como el micromecenazgo y la financiación estatal. En ocasiones, el Banco Nacional de Desarrollo de Brasil (BNDES) ha ofrecido tipos de interés preferenciales a los proyectos creativos; por ejemplo, financió la primera serie animada brasileña que se emitió en la televisión pública y por cable. Brasil también apoyó un programa de cupones llamado Vale Cultura, que les daba a los trabajadores de las empresas asociadas una tarjeta mensual por valor de unos veinte dólares destinada al consumo exclusivo de bienes y servicios culturales como el cine y el teatro.

Argentina, Chile, Colombia y Cuba también tienen políticas nacionales destinadas a promover el desarrollo de la industria cultural. Argentina cuenta con una legislación para las pequeñas y medianas empresas (la Ley PyME) que prevé exenciones de impuestos y créditos especiales para los emprendedores creativos de pequeño y mediano nivel. Algunos rechazan este tipo de ingeniería económica, pues consideran que equivale a que el Estado elija a los ganadores y perdedores de la actividad económica; no obstante, se trata de pequeños empresarios en un ámbito en el que América Latina es competitiva a escala mundial.

Los gobiernos y las grandes compañías, así como organizaciones multilaterales como el BID y el Banco Mundial, también pueden apelar a las ganas de diversión de los emprendedores para estimular la competencia y hacer brillar a quienes sean talentosos de verdad. En 2020, el BID puso en marcha el Desafío PLAY para identificar las propuestas más innovadoras en la creación de contenido y empleo en los sectores de la educación y el juego. El desafío, que forma parte de la Iniciativa de Aptitudes del Siglo XXI del BID, otorgará un premio de diez mil dólares al equipo que presente la mejor idea para un nuevo proyecto. Los gobiernos de toda la región deberían patrocinar en todo momento concursos de este estilo para fomentar el desarrollo no solo de los juegos y la educación, sino de todos los ámbitos de la economía creativa.

Por último, si bien considero que estas soluciones técnicas son importantes, también pienso —y esto es algo que no debe sorprender a estas alturas del libro— que debemos aprender a publicitar y a posicionar mejor nuestra marca. Pienso en el éxito del Festival de Cannes, del Congreso Mundial de Telefonía Móvil de Barcelona o de la Feria de Electrónica de Consumo que se celebra todos los años en Las Vegas. Se trata de eventos y congresos icónicos que se han convertido en parte del imaginario colectivo mundial, pero también del tejido de sus ciudades. Si se llevan a cabo de manera adecuada, es posible que estos eventos se conviertan en una especie de asidero o ancla que puede alimentar ecosistemas enteros de emprendedores creativos en una industria o sector concreto. La gente se reúne e intercambia consejos y secretos, y las islas de excelencia pueden arraigar.

Ojalá pudiéramos desarrollar más eventos de este tipo en América Latina. Ya tenemos unos cuantos; por ejemplo, el Festival Internacional del Libro de Guadalajara ha crecido desde su lanzamiento en 1987 y es ahora la principal feria del libro del mundo de habla hispana y la segunda a escala mundial después de la de Frankfurt. Pero estoy seguro de que podemos hacerlo mejor. Los gobiernos pueden ofrecer exenciones fiscales y otros incentivos, y ayudar a garantizar que no solo la gente del lugar, sino el mundo entero, asocie un determinado sector —o la economía creativa en general— a una ciudad o un país.

Es algo difícil de hacer, por supuesto. No es tan sencillo como agitar una varita mágica. Sin embargo, es lo que consiguió Gastón Acurio en Perú. Entendía la importancia de la marca, pero también cómo se puede crear todo un ecosistema y una línea de producción, convertir una ciudad o un país en sinónimo de excelencia en un ámbito determinado y alentar a los ciudadanos a perfeccionar su talento. La clave no es solo el trabajo arduo, sino el reconocimiento de que los emprendedores, los gobiernos y las empresas tienen que trabajar juntos para priorizar la economía naranja.

Para terminar, quisiera decir que me asusta lo que la pandemia pueda comportar para los emprendedores creativos, no solo a corto plazo, sino también en los años venideros. El peligro para los artistas proviene no solo del distanciamiento social o del cierre de teatros, salas de conciertos y museos. A mí, por el contrario, lo que me preocupa es que los gobiernos que se enfrenten a déficits crecientes y difíciles decisiones presupuestarias se vean tentados en los próximos años a recortar los mismos programas que podrían ayudar a impulsar la economía naranja.

Consideremos lo que ocurrió hace poco en México, donde los legisladores intentaron eliminar la ayuda a Fedecine, un fondo que ha sido fundamental para apoyar a la industria cinematográfica del país en las últimas décadas. «Si al Gobierno se le permite hacer esto, ello devastará la estructura de un ecosistema que ya es muy frágil. Es como una deforestación», afirmó el director y ganador del Óscar Guillermo del Toro. Del Toro argumentó que la financiación pública era esencial para apoyar a la industria mexicana. «Esta muleta económica permitió a los cineastas novatos hacer películas; sin ella no habría habido una nueva generación cuando yo empecé a destacar a finales de los años ochenta y principios de los noventa».

Los legisladores de México acabaron por dar marcha atrás, pero solo después de que los oscarizados directores Alejandro González Iñárritu y Alfonso Cuarón se unieran a la lucha y declararan que los artistas del país necesitaban más que nunca la financiación. Recortarla sería como «cortar alas a miles de cineastas que vienen en camino —dijo Del Toro en un tuit—. Es abandonarse a la marea».

En cambio, los gobiernos latinoamericanos deberían hacer lo contrario y apostar de lleno por sus emprendedores creativos para que lideren la salida del embrollo en el que nos encontramos. Otros países ya han empezado a hacerlo. En agosto de 2020 la Institución Brookings, el prominente *think tank* con sede en Washington, abogó por una «estrategia de alcance nacional, a gran escala y a largo plazo, para la recuperación de la economía creativa [...] liderada por asociaciones locales público-privadas» entre los agentes que integran los sectores privado y público en Estados Unidos.

La lista de personas que hacen cosas asombrosas en el ámbito creativo podría llenar todo un libro. Entre ellas está Juan Diego Flores, el tenor peruano, cuyo programa Sinfonía reúne a más de ocho mil niños en unas dos decenas de centros musicales en algunas de las zonas más pobres de Perú, para que toquen y canten en orquestas y coros. La Fundación Pies Descalzos de Shakira ha contribuido a mejorar la enseñanza y ha llevado una mayor innovación a los sistemas escolares de Colombia y de otros lugares de la región. Carlos Vives ha hecho cosas muy provechosas para su ciudad natal, Santa Marta, en concreto en Pescaíto, la zona de la que proceden tanto él como la famosa estrella del fútbol colombiano Carlos «el Pibe» Valderrama, conocido en todo el mundo por su extravagante cabellera. Lo que me impresiona de todas estas personas es la forma en que utilizaron su marca personal para promover la cohesión social y que todas ellas dedicaron parte de su tiempo a hacer el bien. Hicieron bien el trabajo, y la recompensa ha sido inmensa.

Más allá del impacto real que han logrado, estas figuras son un ejemplo de la capacidad única de las artes para tender puentes y unir a personas de todos los ámbitos sociales. Son el emblema del tejido conectivo que puede hacer que nuestras sociedades sean no solo más prósperas desde el punto de vista económico, sino también más felices, del desarrollo al nivel más esencial. Hay más como ellos, miles más. Solo esperan su oportunidad y el apoyo adecuado.

5

Superar el «complejo de perro callejero»

«¿Qué podemos hacer para ayudar a Haití?».

Habían pasado unas dos semanas desde el terremoto de 2010 y estaba en una reunión con Muhtar Kent, presidente y director ejecutivo a escala mundial de Coca-Cola Company. Muhtar, nacido en Nueva York e hijo de un diplomático turco, era uno de mis personajes favoritos en el mundo de los negocios y siempre mostraba un gran interés por América Latina. Como todos nosotros, Muhtar estaba muy conmovido por las imágenes de muerte y sufrimiento que llegaban de Haití. Me preguntó qué se me ocurría.

La pregunta quedó en el aire durante unos instantes. Recordé que el mayor producto agrícola de exportación de Haití era el mango, una industria que facturaba diez millones de dólares al año, pero que, según las estimaciones de algunos economistas, podía llegar a ser ocho veces mayor. A pesar de ser uno de los lugares del mundo más favorables para el cultivo de esta fruta, en particular de la famosa variedad Madame Francique, jugosa y dulce, apenas llegaban a exportarse un 10 por ciento de los mangos haitianos. Sin embargo, el síntoma más preocupante era que, a pesar de ser un país bendecido con diez millones de árboles de mango, Haití se había convertido en un importador neto de zumo de mango.

Muhtar nos explicó que la capacidad de producción y comercialización de Coca-Cola podría brindar una ayuda que tuviera un impacto positivo y duradero en los pequeños productores, aquellos que en realidad la necesitaban. De inmediato, decidimos seguir adelante y nos pusimos a trabajar.

Los retos eran inmensos, incluso para una empresa gigantesca como Coca-Cola. La del mango Francique era una de las pocas industrias de exportación de fruta del mundo en que el 90 por ciento de la cosecha provenía de pequeños productores; se calculaba que el agricultor medio de mango en Haití apenas tenía tres árboles. El sector del mango era el principal medio de subsistencia de unos veinticinco mil agricultores y sus familias, y algunos de ellos se habían dedicado a ese cultivo durante generaciones. Sin embargo, por falta de herramientas de poda adecuadas y otros problemas, hasta la mitad de la cosecha se perdía antes de llegar al mercado; estaba muy magullada, podrida o no era apta para la exportación por otros motivos. De inmediato nos dimos cuenta de que, para que cualquier proyecto fuera sostenible —más allá de un simple y efímero ardid publicitario, para sentirnos bien—, debía incluir cursos de capacitación en mejores técnicas agrícolas.

Como si fuera un milagro, apenas siete semanas después de mi reunión con Muhtar, una filial de Coca-Cola comenzó a enviar el jugo Haiti Hope Mango Lime-Aid a las tiendas de Whole Foods y Walmart Inc. en Estados Unidos. No obstante, la bebida no era un fin en sí mismo; las ganancias generadas por su venta se reinvirtieron por completo en el proyecto de desarrollo, que era más ambicioso. En una ceremonia inaugural, Bill Clinton —que junto con George W. Bush había organizado los programas de ayuda al país caribeño— declaró que el proyecto era «un ejemplo de lo que el mundo debería hacer». El primer ministro de Haití, Jean-Max Bellerive, estuvo de acuerdo.

Una vez que cesaron los destellos de los flashes, llegó el momento de ponerse a trabajar. La organización estadounidense sin ánimo de lucro TechnoServe, encargada de supervisar el proyecto, tenía varias tareas, entre ellas la de capacitar a los agricultores para que aumentaran la producción de los árboles y, al mismo tiempo, reducir su dependencia de un único cultivo comercial; es decir, que el proyecto no se trataba solo de cultivar mangos. Ayudaron a los agricultores a crear cooperativas para fortalecer su capacidad de negociación y mejorar el acceso a los mercados. Los agricultores también recibieron cursos para manipular mejor la fruta después de la cosecha, de modo que las pérdidas no fueran tan abultadas.

En total, el proyecto Haiti Hope costó 9,5 millones de dólares en el transcurso de cinco años; los fondos se repartieron, *grosso modo*, entre Coca-Cola, USAID y el BID LAB.

¿Y cuáles fueron los resultados?

Bueno, como siempre hubo dificultades. Algunos de los grandes exportadores de mango se mostraron reticentes a participar, quizá porque su capacidad para fijar los precios estaba en peligro. Además, los agricultores también desconfiaban de las iniciativas de ayuda exterior, lo que no es de extrañar dado el desigual historial de tales proyectos en Haití. Muchos de los principales obstáculos para el éxito de los agricultores, como el pésimo estado de las carreteras del país, estaban fuera del alcance del proyecto.

Sin embargo, también hubo beneficios evidentes. Según un estudio de la Escuela de Negocios de Harvard publicado en 2016, más de dieciocho mil agricultores recibieron algún tipo de capacitación gracias al proyecto Haiti Hope. Este grupo vio como el precio de venta medio del mango aumentaba un tercio gracias, al menos, a la mejora de la calidad de su cosecha. Un subgrupo de unos mil seiscientos agricultores que vendían mangos orgánicos con certificado de comercio justo también pudo vender su cosecha a un precio más alto que el de sus vecinos. Según el estudio, los agricultores al parecer también se beneficiaron del componente educativo del proyecto, que incluía capacitación para la reparación de pozos, así como campamentos de alfabetización para adultos. En cuanto a las cooperativas de agricultores hay que mencionar que, tras algunos contratiempos iniciales, más del 85 por ciento de las 203 organizaciones resultaron rentables.

A la larga, no se trata del proyecto más representativo que hayamos ejecutado en el BID. De entrada, era un programa pequeño —de unos pocos millones de dólares— en comparación con otros mucho más ambiciosos, que suelen ascender a cientos de millones. Algunas de las otras iniciativas que emprendimos tras el terremoto de Haití no cumplieron nuestras expectativas. Sin embargo, estoy orgulloso de ese proyecto por muchas razones. Fue el resultado de la colaboración de personas de todo el mundo que se unieron para prestar ayuda. Los mayores beneficios favorecieron a una de las poblaciones más pobres de nuestro hemisferio. Y, por encima de todo, ofreció un pequeño ejemplo de lo que ocurre cuando se invierte de manera sensata en el futuro, algo que nuestra región no ha hecho en la medida suficiente en los últimos cincuenta años.

En la década de 2000, cuando Brasil se encontraba en pleno auge económico y se preparaba para ser la sede de la Copa Mundial de Fútbol y de los Juegos Olímpicos, decidí aceptar lo inevitable y tomar clases de portugués. Se trata de una lengua bastante difícil de aprender para los hispanohablantes, quizá porque el enorme parecido de los dos idiomas se presta a una confusión diabólica. Me costó mucho aprender a pronunciar el sonido nasal «ão», como a la mayoría de la gente. Con todo, los brasileños son sin duda el pueblo más generoso del mundo cuando se trata de extranjeros que destrozan su lengua materna, de modo que seguí adelante.

Una expresión portuguesa en particular cautivó mi imaginación, *complexo de vira-lata*. Se suele traducir como «complejo de perro callejero» o «complejo de perro gozque», y revela muchas cosas no solo de Brasil sino, en mi opinión, también de otros países.

El legendario periodista brasileño Nelson Rodrigues acuñó la expresión para describir la reacción de sus compatriotas tras el famoso «Maracanazo», la sorpresiva derrota de la selección brasileña en la final de la Copa del Mundo de 1950, en la que jugaba como local. Brasil era el gran favorito para vencer a Uruguay, una nación muchísimo más pequeña (aunque sin duda un rival nada fácil cuando se trataba de fútbol o de muchas otras cosas). Sin embargo, los brasileños perdieron por 2-1, resultado que dejó sentados, en medio de un silencio sepulcral, a los más de doscientos mil espectadores del estadio Maracaná de Río de Janeiro.

En Sudamérica, el fútbol puede tener a veces un efecto de larga duración en la sociedad, y, por supuesto, en Brasil a esa derrota devastadora le siguió una oleada de reflexión nacional que se prolongó durante años. Muchos brasileños se preguntaron si su país era de veras tan disfuncional y atrasado que nunca tendría éxito, ni en el fútbol ni en nada más. Al observar todo esto, por lo visto con cierta repugnancia, Rodrigues escribió que los brasileños sufrían un enorme complejo de inferioridad, pues pensaban que su país era un perro callejero, asilvestrado y de poca monta, en comparación con los países más prósperos de Europa y América del Norte. Definió el *complexo de vira-lata* como «la condición de inferioridad en la que los brasileños se posicionan, de manera voluntaria, a la hora de compararse con el resto del mundo. Los brasileños son un Narciso a la inversa, que escupe sobre su propia imagen. Esta es la verdad: no logramos encontrar pretextos personales ni históricos para sentirnos orgullosos de nosotros mismos».

La expresión caló y aún se utiliza mucho en Brasil. No obstante, también he podido ver y oír este tipo de mentalidad en mi Colombia natal y en otros países. Esta creencia de que estamos de algún modo condenados al fracaso suele aparecer cada vez que los tiempos se ponen difíciles, como sucede con cierta frecuencia. Las crisis y recesiones son inevitables; ocurren en todas partes. Pero cuando América Latina entra en un ciclo descendente todo el mundo dice: «Ah, ya empezamos otra vez». Y, por supuesto, eso se convierte en una profecía autocumplida: como la gente se pone a la defensiva y espera lo peor, la crisis se agrava aún más.

Considero que este pesimismo irreflexivo es una de las razones por las que la inversión en América Latina ha sido tan baja en el curso de los años. Invertir es en esencia apostar por el futuro; creer que gastar un dólar hoy reportará dos mañana. ¿Quién haría eso si cree que su país está condenado sin remedio? No quiero decir que todas nuestras barreras o incluso la mayoría de ellas sean psicológicas; muchas son del todo reales, como he señalado en este libro. No obstante, sí creo que en América Latina tendemos a ignorar nuestros éxitos y a centrarnos demasiado en nuestros fracasos. Creemos que nuestro destino está escrito de antemano y que en modo alguno podemos competir en las grandes ligas mundiales. Me da miedo que nuestro *complexo de vira-lata* colectivo pueda frenar cualquier intento de recuperarnos de la pandemia en los próximos años, a menos que podamos abordar los verdaderos problemas de fondo.

Consideremos las deficiencias que ya hemos visto: los países latinoamericanos han invertido a lo largo de los años solo un 20 por ciento de su PIB, una cifra que ha permanecido más o menos estable desde la década de 1980. Durante ese tiempo, la única de las grandes regiones que ha invertido menos que América Latina ha sido el África subsahariana.

Las consecuencias de esta falta de voluntad de apostar por el futuro son demasiadas para enumerarlas aquí, pero permítanme mencionar algunas: nuestra región tiene un déficit de inversión en infraestructura de unos 250.000 millones de dólares al año, según un reciente informe del BID. Incluso en relación con nuestros homólogos de otros mercados emergentes durante la última década, la inversión en infraestructura en América Latina (2,8 por ciento del PIB) fue inferior a la de Asia oriental (5,7 por ciento), Oriente Próximo y África del Norte (4,8 por ciento) y Asia meridional (4,3 por ciento). Debido a este prolongado déficit, más del 60 por ciento de las carreteras de América Latina están sin asfaltar, en contraste con un 46 por ciento en las naciones emergentes de Asia (y un 17 por ciento en Europa). Nuestros niveles de productividad han estado en esencia estancados durante los últimos cuarenta años. No es de extrañar que la economía de la región no experimente un crecimiento más acelerado.

Hace unos años, algunos colegas del BID analizaron este problema desde una perspectiva diferente, quizá incluso más preocupante. Se preguntaron qué habría pasado si América Latina hubiera invertido tanto como China, Corea del Sur y otras economías de Asia oriental. Examinaron no solo cuánto habían invertido esos países a lo largo de los años, sino que además trataron de calcular la eficiencia del proceso, teniendo en cuenta el dinero malgastado en proyectos inadecuados o perdido a causa del latrocinio.

Su conclusión fue la siguiente: si América Latina hubiera invertido tanto y de manera tan eficiente como lo hizo el Asia emergente a partir de 1960, el PIB de nuestra región podría ser en la actualidad seis veces mayor.

Como la inmensa mayoría de las realidades alternativas que se cocinan en los laboratorios académicos, esta llegó con algunas salvedades. La más importante fue que la mayor parte de los países latinoamericanos son hoy en día democracias y, por tanto, no pueden realizar grandes inversiones a golpe de decreto. Los dirigentes chinos, en particular, pueden decidir una mañana que van a construir una ciudad completamente nueva y, a continuación, arrasar con todo lo que haya allí, ignorar las preocupaciones sobre el medio ambiente y encarcelar a cualquiera que se oponga al proyecto. No podemos hacer eso en la mayor parte de América Latina, gracias a Dios. Por mi parte, prefiero vivir en una sociedad que sea menos eficiente, pero que dé a sus ciudadanos ciertas garantías. Estoy seguro de que la mayoría de mis compatriotas estarían de acuerdo.

No obstante... estoy seguro de que hay lugar para un término medio. Sé que podemos hacerlo mejor y transformar el actual *statu quo*.

Después de todo, no es que nos falten recursos para invertir. Los fondos de pensiones de América Latina, por ejemplo, gestionan hoy más de tres billones de dólares en activos. Sin embargo, apenas destinan un 1 por ciento de dichos activos a infraestructuras. Mientras tanto, muchos particulares invierten con entusiasmo en inmuebles en Miami o Madrid o en acciones estadounidenses, pero son muchos los que se niegan a apostar de manera decidida por sus países de origen. En lo que constituye el caso más extremo, se calcula que los argentinos guardan la impresionante cifra de quinientos mil millones de dólares —una cantidad casi equivalente al PIB anual de su país— en cuentas en el extranjero o bajo el colchón, porque desconfían mucho del Gobierno y del sistema bancario de su país. Imagínense las posibilidades que se abrirían si tuvieran la confianza de poner a trabajar en Argentina aunque solo fuera una parte de esa suma.

El reto ahora, tras la COVID-19, es doble. El primero es lograr que la gente vea las posibilidades que ofrece el contexto actual en lugar de permanecer anclada en el pasado. El segundo es comprender mejor los problemas estructurales y de procedimiento que las inversiones en América Latina suelen afrontar, y luego tratar de resolverlos. La buena noticia es que hay esperanza; tenemos una larga trayectoria que nos muestra lo que sí funciona, gracias en buena medida a cierta organización con sede en Washington D. C.

Desde sus primeros días, el Banco Interamericano de Desarrollo siempre ha tratado de mantenerse al margen de los acontecimientos y de realizar con discreción inversiones sólidas sin dejarse arrastrar por la polarización política del momento.

Eso, como puede imaginarse, es más fácil de decir que de hacer.

En 1961, apenas dos años después de la creación del banco, se celebró una importante conferencia latinoamericana en la que Ernesto Che Guevara, el icono argentino de la izquierda, pronunció un airado discurso en el que calificó al BID como «el banco de las letrinas». Se refería al primer préstamo del BID, destinado a proyectos de suministro de agua corriente y alcantarillado en Arequipa, Perú. Supongo que el Che pensaba que tales proyectos eran irrelevantes frente a la flagrante injusticia social. Cuando terminó, Felipe Herrera, economista y abogado chileno que fue el primer presidente del BID, pidió la palabra.

Según las personas que estuvieron allí ese día, Herrera miró al Che a los ojos y le respondió: «Tiene usted toda la razón. Somos el banco de las letrinas, somos el banco del agua potable, somos el banco que protegerá a los recién nacidos de América Latina y seremos el banco de la integración económica».

Todavía hoy, los miembros del BID cuentan esta historia con cierto orgullo. Y es que no les falta razón. Este enfoque en los aspectos esenciales del desarrollo forma parte del ADN de la institución. Algunos gobiernos prefieren centrarse en los grandes proyectos, los llamados «faraónicos», como puentes y refinerías, en los que pueden estampar su nombre para garantizar su reelección o su legado (y a menudo ambos). Pero sabemos por experiencia que estos proyectos no siempre son los que tienen un impacto social a largo plazo. Por algo los alcaldes, gobernadores y presidentes prefieren inaugurar un tren bala en lugar de un sistema de alcantarillado, y por algo América Latina no tiene suficientes de estos últimos. El BID ha dedicado buena parte de los últimos sesenta años a estas inversiones menos glamurosas y a veces ingratas, pero de una importancia formidable y que mejoran la vida de las personas.

Algo que no tardé en apreciar del banco fue su espíritu de «panamericanismo», la idea de que todas nuestras naciones comparten historias y aspiraciones similares. Puede sonar a la típica palabrería institucional, pero también es cierto: las de América

Latina y el Caribe son todas ellas sociedades poscoloniales moldeadas por la inmigración y la mezcla de culturas indígenas y europeas. Además, todos queremos vivir en un hemisferio estable, seguro, próspero y democrático. Algunos dicen que esos son valores universales, pero no estoy seguro de que se encuentren en igual medida en todas partes. Es una realidad de las Américas que no deberíamos pasar por alto.

El BID debe su existencia a esta filosofía panamericana. La idea de un banco de desarrollo regional existía desde hacía mucho tiempo; de hecho, el estadista argentino Juan Bautista Alberdi presentó una tesis en la Universidad de Chile en 1884 que proponía la creación de un «banco continental». A pesar de ello, el concepto languidecería hasta finales de la década de 1950, cuando las tensiones geopolíticas en las Américas aumentaron a causa de la Guerra Fría y varios presidentes comenzaron a hablar de los beneficios que acarrearía una mayor financiación para los países más pobres de la región. En 1958 los presidentes de Brasil, Juscelino Kubitschek, y de Argentina, Arturo Frondizi, ambos elegidos por la vía democrática en una región con abundancia de caudillos, se pusieron en contacto con el presidente de Estados Unidos, Dwight Eisenhower, y empezaron las negociaciones.

Cuando llegué en 2005, el BID tenía un sólido historial de inversiones en infraestructuras, educación y otros ámbitos. Bajo sus anteriores presidentes, el ya mencionado Felipe Herrera (1960-1970), Antonio Ortiz Mena (1971-1988) y Enrique Iglesias (1988-2005), había perseguido el doble propósito de acelerar el desarrollo económico y promover la integración regional. Cuando el Gobierno mexicano planteó la idea de crear un nuevo centro turístico en una recóndita playa de pescadores de la península de Yucatán, llamada Cancún, recurrió al BID para que le ayudara a hacerlo realidad. Iglesias contribuyó a acelerar el proceso de convertir la institución en un «banco de conocimiento», cuyas investigaciones e informes sobre las mejores prácticas pudieran quedar a disposición de todo el mundo en la era digital. Siempre mantuve un diálogo permanente con Enrique y agradecí su consejo. Además, a los dos nos guio en todo momento un mismo objetivo: que el BID nunca perdiera relevancia.

Sin embargo, también era evidente que había que introducir algunos cambios. Los críticos decían que no estaba lo bastante en contacto con la realidad de la región o que no era muy consciente de nuevos retos como el cambio climático o la sostenibilidad. Cuando los gobiernos latinoamericanos necesitaban asesoría o información, a menudo no llamaban al BID, sino al Banco Mundial. Dentro de la institución incluso se rumoreaba en voz baja que el BID estaba perdiendo esa relevancia en una época, la de la década de 2000, en la que los gobiernos podían recurrir a fondos al parecer inagotables de otras fuentes, como Wall Street y, cada vez con mayor frecuencia, China.

Así pues, tomamos varias medidas para intentar mejorar las cosas. Una de las más relevantes fue duplicar el tamaño del banco mediante una considerable ampliación de capital. Hicimos cambios importantes en la plantilla de personal y contratamos a muchos talentos nuevos. Insistimos en que la sostenibilidad medioambiental fuera un criterio importante que tener en cuenta en los proyectos. Creamos BID Invest, una filial de inversión dirigida al sector privado; se convirtió en una entidad líder en el desarrollo de este sector en América Latina. Forjamos vínculos con muchas organizaciones externas en lugar de conformarnos con ser una isla aparte. En el ámbito interno, también procuramos dotar de las competencias necesarias a nuestro extraordinario personal a la vez que creábamos una mayor cultura empresarial, un entorno en el que la gente pudiera experimentar e incumplir sus objetivos sin tener que recibir una sanción.

Avanzamos en muchos aspectos, como poner en orden nuestra casa y hacer del BID una institución más justa, diversa y representativa. En 1995 los hombres del BID ganaban por término medio casi un 40 por ciento más que las mujeres. Cuando me retiré, a finales de octubre de 2020, la brecha salarial era de alrededor del 1,2 por ciento, lo que nos permitió obtener la certificación de EDGE, una organización que aboga por la igualdad salarial entre los géneros. Asimismo, en 1995 solo el 10 por ciento de los altos cargos y el 18 por ciento de los cargos intermedios los ocupaban mujeres. En cambio, a finales de la década de 2010, el 33 por ciento de los altos cargos y el 37 por ciento de los intermedios se encontraban en manos femeninas. Ello reflejaba un avance, aunque aún quedaba mucho por hacer.

No obstante, la mayor experiencia de aprendizaje tuvo que ver con los proyectos que realizamos; en la época en que salí del banco, en octubre de 2020, la institución estaba encaminada a hacer inversiones históricas por un valor de veinte mil millones de dólares, una respuesta récord para la pandemia. Eran decisiones que afectaban a la vida y al futuro de millones de personas y que a menudo implicaban variables de una complejidad enorme. Era una responsabilidad que en el banco todos se tomaban en serio. En algunos proyectos, el éxito fue evidente de inmediato; en otros, el veredicto aún está por ver.

A continuación, voy a compartir unas cuantas lecciones, porque me parece que algunas de ellas son de interés universal, no solo para la gente experta en desarrollo, sino para cualquier persona, latinoamericana o no, que considere la posibilidad de invertir en esta parte del mundo. Nos hacíamos siempre preguntas como las siguientes: este proyecto, ¿tendrá un verdadero impacto?; ¿cumplirá su objetivo?; ¿marcará una diferencia sustancial en la vida de las personas? En un momento dado, al final de mi gestión, le pedimos a un equipo de expertos que analizara doscientos proyectos financiados por el BID en los últimos cuarenta años, con el fin de determinar qué había funcionado y qué no. Como es lógico, aprendimos tanto de los proyectos «malos» como de los «buenos».

Al igual que en el caso de Haiti Hope, algunos de los mejores proyectos que ejecutamos fueron aquellos que reunieron un mosaico de diferentes personas e instituciones; en otras circunstancias, algunas de ellas nunca habrían trabajado juntas. Este fue sin duda el caso en 2010, cuando iniciamos un proyecto en el que participaron el BID, el Gobierno de España, varios gobiernos centroamericanos y las personas más ricas de Estados Unidos y América Latina: Bill y Melinda Gates y Carlos Slim.

Quizá esta parezca la receta perfecta para que todo acabe en desastre. Tales proyectos pueden serlo, sin duda, cuando no se gestionan de la manera correcta. El riesgo de que haya «demasiados cocineros en la cocina» es real. Sin embargo, si se parte de unas prioridades claras y un sentido concreto de la misión, el hecho de contar con muchos interesados puede ser muy valioso gracias a los diferentes puntos de vista que aportan. Esto no solo implica una mayor variedad de talentos, sino también un mayor sentido de las dificultades que a menudo se presentan incluso en los proyectos mejor intencionados.

En esta iniciativa en particular, no podía haber más en juego: queríamos mejorar la atención sanitaria del 20 por ciento más pobre de la población de una de las zonas más vulnerables de América Latina: Centroamérica y el estado mexicano más meridional, Chiapas. En concreto, el proyecto conocido como Salud Mesoamérica 2015 pretendía prevenir y controlar el dengue y la malaria, ambos todavía endémicos en la región, y además ayudar a mejorar la salud reproductiva, la inmunización y la nutrición de las madres y sus hijos, entre otros aspectos.

Hicimos los deberes por adelantado y nos aseguramos de tener unos objetivos claros. Un equipo de investigadores de la Universidad de Washington se dirigió a la zona para realizar la primera encuesta sanitaria a gran escala entre esta población tan vulnerable, y en ella participaron más de veinte mil hogares. Entre otras cosas, querían conocer el porcentaje de niños menores de cinco años con retraso en el crecimiento debido a la desnutrición. El panorama que encontraron fue mucho más preocupante —y también más variado— de lo que habíamos imaginado.

Aunque los promedios nacionales de la mayoría de esos países habían mejorado de forma considerable en los últimos años, se trataba de otro caso de lo que oculta el promedio. Por ejemplo, aunque el 20 por ciento de los niños de Panamá presentaban un retraso en el crecimiento por desnutrición (una cifra que no deja de ser nefasta), ese número ascendía a un abrumador 55 por ciento en los sectores más pobres de la sociedad. En Guatemala, el retraso en el crecimiento entre los más pobres era aún más terrible: llegaba al 70 por ciento, una tasa similar a la de las zonas más pobres del África subsahariana. Estos índices constituían una verdadera emergencia nacional.

A decir verdad, el dinero no era el mayor obstáculo para afrontar estos problemas. De hecho, el coste total de Salud Mesoamérica 2015 ascendería a menos del 1 por ciento del gasto sanitario total de Centroamérica. El mayor reto, como siempre, era fijar la atención de los gobiernos y darles incentivos para pasar a la acción.

Se organizó, pues, de la siguiente manera: en toda la región, los benefactores (los Gates y Slim) aportaron unos 140 millones de dólares, mientras que los gobiernos locales contribuyeron con 54 millones. Los países que cumplieran los objetivos obtendrían una especie de «reembolso»: la mitad de los fondos que utilizaran les serían devueltos para que los emplearan en el futuro en otros proyectos sanitarios. Los gobiernos locales eran libres de tomar sus propias decisiones en cuanto a la implementación del programa. Al final, hubo un último elemento que en mi opinión marcó la diferencia: el hecho de que varios países persiguieran a la vez objetivos similares fomentó un sano sentido de la competencia. Un funcionario llegó a llamarla «la Concacaf de la salud», en referencia al nombre del torneo regional de clasificación para participar en la Copa Mundial de Fútbol.

En resumen, fue una iniciativa que combinó las siguientes características: una rigurosa planificación por anticipado, creatividad, una clara orientación ética, una evaluación específica del éxito y una sólida ejecución que puso el poder en manos de quienes mejor conocían el problema. Unos años más tarde, *The Economist* escribió que el programa y su inusual alianza de partícipes «revelaron la profundidad de la desigualdad» en la región, a la vez que mostraban «de qué manera el pensamiento empresarial puede aplicarse a problemas que parecen insolubles». Varios países, como Honduras, El Salvador y Nicaragua, cumplieron el paquete de objetivos original y redujeron la tasa de mortalidad de los niños menores de cinco años. También mejoraron los índices de vacunación y el acceso a los servicios de planificación familiar. Aunque algunos países se quedaron cortos, me parece que, en general, constituyó un buen ejemplo de la forma en que instituciones como el BID pueden servir de marco para reunir a diferentes actores y obtener resultados concretos.

También se llevaron a cabo otros buenos proyectos, demasiados para enumerarlos aquí, como la ampliación del Canal de Panamá y la red de metro de Quito (Ecuador), que impulsaron mucho la eficiencia y, por tanto, el crecimiento económico. En Brasil, un programa llamado Profisco concedió préstamos a los gobiernos de los estados que se tomaron en serio la tarea de poner en orden sus finanzas. Incluso ayudamos a crear una especie de plataforma de negocios online para empresas, ConnectAmericas, que hoy cuenta con más de siete millones de visitantes, entre ellos 420.000 usuarios registrados. Con elementos similares a los de las redes sociales, ConnectAmericas ayuda a las pequeñas empresas de la región a compartir conocimientos y experiencias, al tiempo que sirve de plataforma virtual de aprendizaje que les enseña a exportar y, además, le facilita el acceso a la financiación. Se trata de otro esfuerzo conjunto con una serie de socios, como DHL, Google, Facebook y Sealand, entre otros.

¿Y qué hay de los proyectos que no llegaron a buen puerto?

Un fracaso memorable ocurrió en un lugar sorprendente, Chile, en general uno de los países de la zona con mejor gestión. El BID aprobó un gran préstamo para una propuesta de gestión de residuos sólidos en 2008 y luego lo canceló, solo tres años después, en 2011, cuando apenas se había ejecutado el 20 por ciento del proyecto. ¿Por qué? Hubo varias razones, entre ellas los problemas que tuvieron los municipios para diseñar y ejecutar el programa. Pero una de ellas en particular fue reveladora y muy relevante en nuestro contexto actual, posterior al de la COVID-19: el terremoto y el tsunami de 2010 llevaron al Gobierno chileno a posponer muchas inversiones que no se consideraron prioritarias, como esta.

De manera lamentable, este tipo de cosas suceden todo el tiempo; durante una crisis, las autoridades terminan por posponer o incluso cancelar las mismas inversiones que ayudarían a que el país creciera con el paso del tiempo y, tal vez, incluso a evitar la siguiente crisis. De hecho, vimos que esto ocurrió en toda la región cuando la economía se desaceleró en la década previa a la pandemia: la inversión pública, como porcentaje del PIB, cayó en toda América Latina del 2,3 por ciento en 2013 a cerca del 1,7 por ciento en 2019. Este es el tipo de cortoplacismo que con tanta frecuencia nos perjudica. Y me preocupa muchísimo que este fenómeno se agrave aún más en la década de 2020.

Otro fracaso de gran repercusión fue la iniciativa «Un portátil por niño», que cautivó por un breve periodo al imaginario mundial a mediados de la década de 2000. Se trataba, algunos lo recordarán, del atractivo programa que prometía entregar ordenadores portátiles en todo el mundo en vías de desarrollo a razón de cien dólares por máquina y, de ese modo, propiciar un salto mágico en materia de educación. México, Uruguay y Perú decidieron suscribir el acuerdo, y admito que a mí también me fascinaba la iniciativa. No obstante, al final el coste del portátil se duplicó por unidad, y, por otro lado, los patrocinadores no prestaron la suficiente atención a lo que en realidad llevaría el aparato en su interior, es decir, al contenido mismo. En 2012, un estudio realizado en Perú puso de manifiesto que el portátil no había mejorado en absoluto las capacidades matemáticas ni lingüísticas de los alumnos. El proyecto funcionó algo mejor en Uruguay, en parte porque le otorgamos un préstamo para desarrollar un software que proporcionara contenidos educativos uruguayos.

En retrospectiva, aún pienso que fue un riesgo que valió la

pena correr; a veces no se sabe si una idea funcionará hasta que se pone a prueba. Animábamos al personal del BID a pensar con audacia, a sabiendas de que eso podía llevar en ocasiones a no obtener los resultados esperados. No obstante, algunos de los avances tecnológicos derivados del proyecto de los ordenadores portátiles demostraron que merecía la pena. También fue una lección valiosa sobre los inconvenientes de las soluciones fáciles, de las ideas ingeniosas que suenan muy bien en las «salas de reuniones» de foros como el de Davos, pero que en la vida real se desmoronan pronto. Por cada proyecto exitoso como Haiti Hope o Mesoamérica 2015, hubo quizá otros diez con propuestas que contaban con un gran respaldo, que parecían prometedores, pero que en la práctica tenían nulas posibilidades de éxito. Distinguir entre unos y otros era difícil, pero los profesionales del BID tomaron la decisión correcta la mayoría de las veces.

El estudio que solicitamos para examinar más de doscientos proyectos de inversión financiados por el BID en los últimos cuarenta años halló muchos puntos en común en otras inversiones que no funcionaron. Los investigadores analizaron una amplia gama de proyectos, desde México hasta Argentina, en ámbitos como el de las infraestructuras, la energía, los recursos naturales y el transporte, en zonas tanto rurales como urbanas. El principal problema de gestión en los proyectos considerados problemáticos no fue la corrupción, sino la «planificación deficiente», y el mayor obstáculo de todos fue la percepción de que los proyectos de inversión no beneficiarían a las comunidades locales. Es algo que subraya la necesidad de escuchar a la gente del lugar y de no limitarse a tomar decisiones arbitrarias desde un edificio de oficinas con paredes de cristal, ya sea en Washington D. C., Brasilia, Ciudad de México o cualquier otro lugar.

Conforme tratamos de aumentar las inversiones en el mundo post-COVID, vale la pena tener en cuenta muchas de estas lecciones. Una de ellas es asegurarnos de «reconstruir mejor», por tomar prestada una expresión del presidente Biden, que significa, entre otras cosas, centrarse en un crecimiento más ecológico y sostenible. El BID ya había avanzado en esa dirección: casi duplicó el porcentaje de préstamos destinados a proyectos verdes —en ámbitos como las energías renovables, la agricultura sostenible y un transporte más limpio—, al pasar aquellos del 16 por ciento de su cartera total en 2015 al 30 por ciento a finales de 2020.

Las entidades crediticias multilaterales pueden contribuir a asumir parte del riesgo implícito en los proyectos de infraestructura y otras inversiones audaces, y ayudar así a liberar parte de ese capital privado. El BID adoptó varias medidas innovadoras para que los llamados «bonos verdes» sean más transparentes al exigir a los emisores de estos que detallen con exactitud qué inversiones hacen y la forma en que afectan al medio ambiente. Estas medidas impulsaron el crecimiento: en el primer trimestre de 2020, la suma de dinero que los bonos verdes recaudaron en la región, 4.300 millones de dólares, fue equivalente a la obtenida en todo 2019. El número de este tipo de proyectos se redujo durante la pandemia, ya que surgieron otras prioridades, pero cuanto antes podamos volver a la senda de crecimiento previa, mejor.

En cuanto a la corrupción, desde luego aún se percibe de forma generalizada como un gran obstáculo para la inversión en América Latina. Sin embargo, en este sentido, me siento animado por los recientes progresos y algo esperanzado de cara al futuro. A mediados de la década de 2010, varias investigaciones importantes sobre corrupción que se abrieron paso en los tribunales de toda América Latina enviaron a la cárcel a algunos de los líderes más poderosos de la región en el ámbito de la política y los negocios. El caso más famoso fue, por supuesto, la Operación Lava Jato o «Lavado de Autos», que tuvo su origen en Brasil, pero que al final dio lugar a condenas en Perú, Panamá y otros países de la región. No obstante, la oleada anticorrupción de esos años no solo fue obra de un pequeño grupo de fiscales de Brasil. Más o menos al mismo tiempo, vimos surgir otros casos graves, como la investigación «La Línea» en Guatemala, que envió a un expresidente a la cárcel, así como el escándalo de los «Collares Blancos» en Perú, que involucró a miembros del mismo poder judicial.

No creo que estos casos se hayan producido a raíz de un repentino y burdo recrudecimiento de las prácticas fraudulentas en nuestra región. La corrupción siempre ha sido un problema generalizado; lo «nuevo» es que ahora lo vemos con mayor claridad. Por eso considero que cabe señalar la convergencia de varios factores positivos. La propagación de la democracia a lo largo de las décadas de 1980 y 1990 dio lugar a instituciones de mayor calidad e independencia en muchos países. La nueva tecnología, en concreto las pequeñas cámaras de los teléfonos móviles y de otros dispositivos, ha permitido registrar con mayor facilidad, en formato vídeo, los actos ilícitos. La normativa mundial cambió tras la crisis financiera de 2008-2009, de modo que el dinero sucio es ahora más difícil de ocultar. Y, por último, las redes sociales ofrecieron a la gente un lugar donde compartir la indignación fruto de los grandes escándalos, pasando por encima de la prensa si esta trataba de ignorarlos. Plataformas como Facebook y Twitter también dieron a los ciudadanos un lugar virtual donde organizar protestas y otras formas de manifestar su ira contra los políticos corruptos y su apoyo a los jueces y fiscales que intentan encarcelarlos.

Como suele ocurrir con los acontecimientos trascendentales, el panorama se complicó con el paso del tiempo, las victorias iniciales quedaron atrás y la década de 2010 llegó a su fin. Se cuestionó si los fiscales abusaban de su poder en lugares como Brasil. Los políticos de algunos países alegaron que se les perseguía en el marco de una «guerra jurídica» y se las arreglaron para hacer retroceder algunos de los avances e imponer más restricciones al nuevo poder judicial. Sin embargo, creo que luchan contra molinos de viento; con el paso del tiempo, no hay forma de revertir los grandes cambios estructurales que impulsaron la corriente anticorrupción. Estoy seguro de que «la luz del sol es el mejor desinfectante», según la célebre frase del que fuera juez adjunto del Tribunal Supremo de Estados Unidos, Louis Brandeis. El avance continuo en la lucha contra la corrupción y la demostración de que ningún individuo, ni siquiera los más poderosos, puede gozar de inmunidad darían un gran impulso a la inversión en todas partes.

Otro ámbito concreto que puede mejorarse es el bajo porcentaje de sus ingresos que la mayoría de los latinoamericanos destinan al ahorro. Un estudio reciente del BID reveló que, en las economías más importantes de nuestra región, la tasa de ahorro media era del 18,9 por ciento, en comparación con el 35,5 por ciento registrado en un grupo de países asiáticos. No hay que ser economista para entender que, si pudiéramos crear las condiciones para que la gente ahorre más, tendríamos una mayor reserva de fondos para invertir. Sabemos, por la experiencia positiva de Chile y Colombia, entre otros países, que la reforma fiscal y tributaria, junto con las mejoras en la productividad, pueden incentivar a la gente a ahorrar más. La estabilidad financiera en general ayuda; si la gente considera que ni la inflación ni una crisis destruirán el valor de sus ahorros, es más probable que reserve algo de dinero al estar convencida de que aumentará con el paso del tiempo. Es un reto complicado, que nos llevará tiempo resolver.

Pero ¿cuál es la clave de las inversiones exitosas? Si solo pudiera citar un factor, ese sería el de los recursos humanos, la calidad de las personas que hacen realidad una inversión.

Por supuesto, todos los demás elementos que he citado son importantes, desde el entorno legislativo hasta la atención que un gobierno presta a un proyecto, entre otros. Pero, al final, lo más importante quizá sea el equipo de personas que ejecutan el proyecto.

Tratar de predecir o controlar la calidad en este aspecto puede resultar del todo imprevisible. A veces, incluso se observan enormes variaciones dentro de un mismo país. Lo vimos en Colombia, donde es mucho más fácil llevar a cabo un proyecto en una zona como Antioquia que, por ejemplo, en Chocó, a lo largo de la costa del Pacífico. Es posible tratar de solucionar esto movilizando al personal; se pueden hacer presentaciones e intentar crear los vínculos que permitan que la gente se capacite. A largo plazo, por supuesto, la clave es mejorar la educación y lograr que más personas ganen experiencia en proyectos de gran envergadura.

Nada de esto es fácil, por supuesto. Pero instituciones como el BID, así como las alianzas que incluyen al sector público, al sector privado y a otros, pueden ser de gran ayuda. Es difícil, pero es la única manera.

En última instancia, conseguir más inversiones en América Latina implicará dejar de lado el pasado y dejar de ver la región por lo que fue e incluso por lo que podría ser. De hecho, a veces basta con ver las cosas tal y como son en la actualidad.

A menudo, es algo que le resulta más fácil a la gente que ni siquiera es oriunda de la región.

En 2009 Condoleezza Rice acababa de poner punto final a sus ocho años al servicio del Gobierno de George W. Bush, entre ellos como secretaria de Estado. Se encontraba de vuelta en Palo Alto (California), donde trabajaba como profesora en Stanford y asesoraba a empresas como Hewlett-Packard (HP), el fabricante de ordenadores estadounidense, que tenía su cuartel general justo al otro lado de la calle.

Cierta mañana, los ejecutivos de HP se encontraban en una lluvia de ideas sobre la posible ubicación en América Latina de un nuevo e importante «centro de servicios global» de catorce millones de dólares, a fin de expandir el ya próspero campus que la empresa tenía en Costa Rica. Entonces surgieron las consabidas opciones «seguras» de la región: Chile, Perú, Brasil. Sin embargo, al recordar un viaje reciente que la había conmovido de forma inesperada y duradera, Condi respiró hondo y preguntó:

—¿Y Colombia?

Silencio total.

Por fin alguien se atrevió a hablar.

—¿Por qué no? ¡Qué interesante...!

—¿Acaso no están todavía en medio de una guerra civil? —preguntó otra persona.

Por supuesto, la respuesta era en teoría que sí. A finales de la década de 2000, sin embargo, la transformación general de Colombia en materia de seguridad y otros ámbitos ya había avanzado bastante. Además, el Gobierno se había esforzado por mejorar el clima de inversión. Una clasificación anual lo situaba como el país más favorable para los negocios en América Latina y, en general, como el quinto del mundo en cuanto a la protección de los derechos de los inversionistas. La violencia todavía era un problema, como lo es hoy en día. Sin embargo, era en definitiva el tipo de país en el que una empresa tecnológica extranjera podía no solo sobrevivir, sino también prosperar.

Condi sabía todo esto y decidió arriesgarse. Durante su viaje, había estado en Cartagena de Indias y Medellín. «Vi que eran lugares agradables donde los niños jugaban en el parque», comentó después. Como muchos otros que visitaron el país durante esos años, se marchó sorprendida por la inesperada historia de progreso, por la forma en que la gente salía adelante, así que se convirtió en una especie de misionera de nuestra causa. «La gente aún no se ha dado cuenta de la transformación de Colombia».

Ninguna multinacional iba a invertir tanto dinero solo porque se tratara de una historia inspiradora; por encima de todo, debía tener sentido comercial. No obstante, cuando los ejecutivos de HP empezaron a estudiar la idea descabellada de Condi, se dieron cuenta —para su sorpresa, estoy seguro— de que el mejor lugar para construir su nuevo campus podría ser en realidad la ciudad natal de Pablo Escobar, Medellín.

Apenas dos décadas antes, la urbe se había convertido en sinónimo de caos por ser la capital mundial del homicidio; a principios de la década de 1990, la tasa de asesinatos alcanzó la escalofriante cifra de 380 por cada cien mil habitantes. No obstante, incluso durante los llamados «años de plomo», Medellín no dejó de ser el próspero centro industrial de Colombia, un antiguo punto de comercio para los cultivadores de café y los mineros de los yacimientos de oro que evolucionó hasta convertirse en sede de fábricas, complejos de investigación y centros logísticos. Contaba con un magnífico centro de educación superior, la Universidad de Antioquia, que formaba el tipo de recurso humano —con preparación técnica y contactos globales— que una empresa como HP necesitaba. Medellín también se había propuesto en los últimos tiempos hacer frente a la desigualdad y la exclusión social, que habían sido factores causales de la violencia, mediante la construcción de nuevas bibliotecas y escuelas en zonas abandonadas durante mucho tiempo, así como la instalación de escaleras mecánicas para conectar a los residentes de las comunas de las laderas con los puestos de trabajo en el resto de la ciudad.

En otras palabras, la ciudad había cambiado. Solo necesitaba que alguien hiciera la primera gran apuesta.

En toda la región hubo una reñida competencia para ver quién podía atraer a HP y los mil nuevos puestos de trabajo que proporcionaría la nueva sede. El presidente Uribe hizo todo lo posible y se reunió varias veces con los ejecutivos de la empresa. En aquel entonces yo llevaba cuatro años en el BID, y decidimos celebrar nuestra asamblea anual de 2009 en Medellín para dar a conocer el renacimiento de la ciudad. Las reuniones del BID siempre atraen a un gran número de funcionarios gubernamentales y líderes empresariales de todo el mundo, pero para darle un poco más de bombo y platillo incluimos al presidente Bill Clinton como nuestro invitado de honor. Su presencia, que resultaba impensable pocos años antes, contribuyó a garantizar la asistencia de un amplísimo grupo de ejecutivos de grandes multinacionales, como Intel y, por supuesto, HP.

Mientras recorríamos la ciudad, pude ver miradas de asombro en sus rostros y no dejaba de repetirles: «Es cierto que esta era la ciudad de Pablo. Pero Chicago también fue famosa por Al Capone y el crimen organizado, y en los años noventa se convirtió en la ciudad de Michael Jordan y los Chicago Bulls. Las cosas cambian».

Al final, HP tomó la decisión: Medellín era la ganadora. Esto causó un poco de revuelo en los medios de comunicación internacionales, que, por supuesto, empezaron de inmediato a reproducir viejos vídeos borrosos de las décadas de 1980 y 1990 que mostraban edificios públicos en llamas y aviones cargados de paquetes de cocaína. Sin embargo, un alto ejecutivo de HP llamado Andrew Lewis declaró a la prensa que había un «alto nivel de talento aún por explotar» en el sector tecnológico, en parte porque la violencia había ahuyentado a otros inversores durante muchos años. «Hemos constatado que la ciudad nos ofrece lo que buscamos, y eso incluye la seguridad», dijo Lewis.

Citó como ventajas adicionales el español «neutro» que se habla en Colombia, así como la elevada cantidad de anglohablantes competentes. En cuanto a las preocupaciones sobre el pasado, afirmó: «La mejor estrategia que hemos descubierto es la de llevar a la gente a Medellín para que lo pueda ver con sus propios ojos. En pocos días se transforma la visión que tienen de la ciudad y de Colombia».

La decisión repercutiría de forma positiva en los años venideros. Proporcionó un inquilino ancla para un proyecto llamado Ruta N, una incubadora de iniciativas tecnológicas emergentes que ha experimentado un crecimiento explosivo y que hoy cuenta con más de ciento veinte empresas que operan en un espacio de treinta mil metros cuadrados en el norte de la ciudad. El Gobierno municipal se involucró de lleno para asegurar que el proyecto tuviera éxito; para ello, logró que una empresa pública, Empresas Públicas de Medellín, destinara el 7 por ciento de sus beneficios anuales al fomento de Ruta N para garantizar que la ciudad continúa expandiéndose como un importante centro tecnológico.

El respaldo también llegó de los internautas; en 2012 Facebook hizo una encuesta para elegir la «Ciudad innovadora del año» a escala mundial, y Medellín se impuso a Nueva York y Tel Aviv. Unos años más tarde, en 2015, HP decidió poner punto final a sus operaciones en Medellín, pero esto se debió más a cuestiones internas de la empresa que a un cambio de las condiciones de la ciudad. Medellín sigue siendo segura y Ruta N próspera, con una alianza en vigor con el Instituto Tecnológico de Massachusetts y un legado de miles de estudiantes que han recibido capacitación allí.

Hay muchos aspectos que me encantan de esta historia. Es un ejemplo de la necesidad de ver las cosas en América Latina tal y como son en realidad y no como las presentan en la televisión; muestra el valor de las relaciones personales, y ante todo señala el poder no de la esperanza ni del potencial, sino de ver las cosas de manera realista y del hecho de apostar por el futuro.

6

Elegir más jefes de Estado predecibles

En 2010 Hugo Chávez tomó una más de las controvertidas decisiones que habían marcado su vida: exhumar el cuerpo de Simón Bolívar, el libertador decimonónico de Sudamérica.

Durante años, Chávez había vivido realmente obsesionado con el hombre que liberó a Venezuela, Colombia, Panamá y Ecuador del dominio colonial de España. Convencido de que Bolívar había presagiado de algún modo sus ideas sobre el socialismo del siglo XXI, Chávez «en sus maratonianos discursos alababa al semidiós Libertador como los sacerdotes evocan a Cristo en la misa», escribió en cierta ocasión un periodista de la revista *Time*. Chávez cambió el nombre oficial del país por el de «República Bolivariana de Venezuela» e incluso ordenó a los artistas que cambiaran el aspecto de Bolívar en los retratos para que se ajustara a la imagen que de él tenía.

Sin embargo, pocas cosas causaron más revuelo que la orden de Chávez de exhumar los restos de Bolívar con la intención de confirmar sus sospechas —fruto tal vez de su paranoia en relación con conspiradores y enemigos del presente— de que el Libertador no murió en 1830 de neumonía, como creían la mayoría de los historiadores, sino envenenado con arsénico.

Una mañana de julio, antes de amanecer, frente a una audiencia en directo de televisión con el himno venezolano sonando de fondo, un equipo de funcionarios del Gobierno abrió el sarcófago de Bolívar en el Panteón Nacional de Caracas, y se llevó sus restos para hacerles un examen de rayos X, un análisis de ADN y otras pruebas. «Confieso que hemos llorado —tuiteó Chávez—. Tiene que ser Bolívar ese esqueleto glorioso, pues puede sentirse su llamarada. Dios mío».

A la postre, los resultados de la investigación de los restos de Bolívar, que duró un año, no fueron concluyentes. Chávez nunca pudo demostrar que su ídolo hubiera sido traicionado. En cualquier caso, todo el episodio ilustró de forma memorable la extraordinaria, única y —seamos sinceros— un tanto extraña obsesión de los latinoamericanos por nuestra historia, sobre todo por parte de nuestros líderes políticos.

Supongo que todos los pueblos y culturas mantienen un diálogo permanente y a menudo apasionado sobre sus raíces, mitos fundacionales y grandes líderes, así como acerca de su significado en la actualidad. No obstante, al menos a tenor de mi experiencia, en América Latina albergamos un deseo muy intenso de escudriñar el pasado para que sirva de fundamento a nuestras creencias y acciones del presente. Nos peleamos sin cesar por el significado de cosas que ocurrieron hace una década, una generación, cien años o más tiempo. Pedro Malan, exministro de Hacienda de Brasil, dijo en cierta ocasión una célebre frase: «En Brasil hasta el pasado es incierto». Me parece que podría extrapolarse a toda la región.

La principal prueba es nuestra aparente incapacidad para dejar que nuestros difuntos líderes descansen en paz...Y lo digo en el sentido más literal. Además del extraño episodio de Bolívar, en los últimos años también hemos sido testigos de las exhumaciones de Salvador Allende, el líder de izquierda chileno que fue derrocado en un golpe de Estado en 1973, para determinar la causa de su muerte (suicidio, según confirmó la investigación), y del expresidente brasileño Juscelino Kubitschek, que perdió la vida en un accidente automovilístico en 1976 (no hubo ningún juego sucio, según dictaminó una comisión nacional de la verdad en 2014). Tal vez el caso culminante de necropolítica en América Latina fuera la extraña odisea de Eva Perón, Evita; tres años después de su muerte, en 1955, los dictadores argentinos se apoderaron de su cadáver embalsamado y después lo trasladaron a diversos lugares secretos en el transcurso de quince años, en lo que solo puede describirse como un complot impulsado por el miedo a lo que simbolizaba su legado y la diabólica sed de venganza de los militares contra los partidarios de Evita.

Incluso después de su muerte, algunos líderes latinoamericanos gozan de una popularidad que despertaría la envidia de sus homólogos en otros países. Basta con observar la cantidad de ismos, de movimientos que llevan el nombre de su líder y que están ligados a él para siempre, desde el peronismo hasta el chavismo y muchos otros. Por supuesto, no tenemos el monopolio de este asunto, pero en esta parte del mundo estos ismos aluden por lo general no solo a la ideología política, sino en particular a un tipo de comportamiento machista y fanfarrón. Por eso, en los últimos años no me ha sorprendido que publicaciones en inglés como *The Economist* y la CNN utilicen a veces no «Trumpism», sino la versión hispanizada, «trumpismo», para describir el movimiento político asociado al cuadragésimo quinto presidente de Estados Unidos.

¿Cómo surge un ismo? ¿Cómo se pasa de ser «apenas» un líder político a alcanzar este estatus en apariencia trascendental? Bueno, una personalidad grande como una catedral desde luego ayuda. Pero los líderes que al parecer alcanzan una popularidad perdurable son los que prometen no solo un cambio, sino una revolución. Son aquellos que se comprometen a derribar el sistema vigente y corregir los errores históricos. Suelen sobresalir por sus espectaculares y teatrales acciones destinadas a ganar audiencia, bien sea con la exhumación de sus predecesores o, por ejemplo, con la aprobación de una nueva Constitución.

Ahora que nos encontramos en otra encrucijada de nuestra historia debido a la COVID-19, la pregunta es: ¿qué tipo de líderes necesitamos en este momento?

El grupo actual de presidentes, en conjunto, no parece estar a la altura del desafío. Algunos afirman que es el más ineficaz que hemos tenido en América Latina en muchos años. En las conversaciones con la gente común y corriente de Lima, Medellín o Santiago de Chile, a menudo se percibe el anhelo que hay por que aparezca otra de esas grandes personalidades que tantas veces se han materializado en tiempos de grandes crisis y descontento. Un icono, un independiente, alguien que pueda «salvarnos» mediante el poder político y la fuerza del carácter.

No obstante, cuando pienso en los líderes más eficientes de los últimos años, por lo general no son los personajes más llamativos de la escena. No, suelen ser más bien modestos creadores de consenso, individuos que valoran el pragmatismo por encima de la ideología. A veces han propiciado un cambio drástico, pero por lo general mediante modificaciones del sistema existente y no a través de la construcción de uno nuevo desde los cimientos. Han sido voces bastante discretas, a diferencia de las que vociferan detrás de un atril. Apenas se han rodado películas sobre su vida. Casi nadie acude a Twitter para defenderlos con energía a ellos ni a su legado.

Incluso se podría decir que nuestros mejores líderes han sido algo insulsos. Eso sí, los resultados que lograron fueron cualquier cosa menos eso.

En mi opinión, cualquier conversación sobre los líderes más exitosos de la historia reciente de América Latina debe comenzar por tres personas que encajan en este molde de presidente más cauto y menos llamativo: el brasileño Fernando Henrique Cardoso (1995-2002), el mexicano Ernesto Zedillo (1994-2000) y el chileno Ricardo Lagos (2000-2006).

La mención de estos presidentes puede resultarles extraña a algunos lectores, por no decir otra cosa. Gobernaron durante una época —finales de los años noventa y principios de la década de 2000— que la mayoría de los latinoamericanos no recuerdan con agrado. Fue un periodo de crisis financieras que parecían interminables y que empezaron en casa (México en 1995, Brasil en 1999) y en el extranjero (Rusia en 1998 y la llamada «gripe asiática» poco después), lo cual provocó un aumento del desempleo y generó dificultades para millones de personas. En todos los casos, los sucesores inmediatos de estos presidentes fueron mucho más populares, al menos durante un tiempo. Ninguno de los tres tendría posibilidades de ganar unas elecciones si se presentara hoy en día (Lagos, de hecho, lo intentó en 2017... y le fue tan mal que tiró la toalla meses antes de la votación definitiva).

Sin embargo, a pesar de no ser hoy en día siempre del agrado de sus compatriotas, Cardoso, Zedillo y Lagos conservan un estatus casi mítico en ciertos círculos. Entre quienes valoran la democracia, la creación de instituciones independientes y un cierto tipo de capitalismo con conciencia social, gozan por unanimidad de una reputación tan buena —y hasta se les pide consejo— que algunos incluso se refieren a ellos como «Los Tres Tenores».

Este hecho plantea preguntas fundamentales: ¿por qué estos líderes fueron eficaces, pero no demasiado populares?, ¿qué podemos aprender de su historia? y ¿qué posibilidades hay de elegir figuras similares en la política actual, polarizada y cargada de adrenalina?

De los tres, Cardoso es sin duda el más singular. Solo entró de lleno en la política a los cincuenta años, tras una larga carrera como prestigioso sociólogo en la Universidad de São Paulo, además de algunas estancias en la Universidad de París, la Universidad de California en Berkeley y otros centros académicos. Según su biografía, en los años cincuenta recorrió las comunidades pobres de Brasil con una bata blanca de laboratorio y una carpeta para documentar las injusticias económicas y raciales que veía. Nunca perdió su carácter académico y algunos brasileños lo consideraban distante, elitista y algo frío. Es bien sabido que durante una campaña electoral dijo que le encantaba comer en los cafés de París la versión francesa de la *buchada*, un exótico plato brasileño a base de callos, lo que provocó la burla generalizada de los periódicos de São Paulo.

Pero Cardoso tenía muchas cualidades, entre ellas un alma profundamente democrática. Se opuso con firmeza a la dictadura que gobernó Brasil entre 1964 y 1985, por lo que tuvo que vivir varios años en el exilio en Chile y Francia, y además luchó con denuedo por el retorno de la democracia cuando regresó a su país en la década de 1980. No obstante, nunca apoyó a los movimientos guerrilleros armados de la izquierda brasileña, que, en su opinión, pretendían implantar una dictadura de otro tipo, al estilo cubano. Por utilizar el lenguaje de nuestro tiempo, evitó los extremos polarizados y se mantuvo fiel a sus principios.

Sin embargo, tal vez lo más notable sea que Cardoso demostró una rara habilidad para evolucionar con los tiempos. Su emblemático libro *Dependencia y desarrollo en América Latina*, publicado en 1967, que recuerdo haber leído en la universidad, articulaba una perspectiva asociada a la izquierda; explicaba que el mundo estaba dividido en dos esferas, la de los ricos y la de los pobres, y que la segunda «dependía» en gran medida de la primera en materia de inversión y crecimiento. Cardoso leía con avidez a Karl Marx y se consideró socialista durante muchos años. Sin embargo, cuando ascendió a las altas esferas de la política brasileña a finales de la década de 1980, ocurrió algo del todo inesperado: la caída del Muro de Berlín.

Aunque esto sucedió a miles de kilómetros de distancia, Cardoso era lo bastante cosmopolita para entender que, junto con el muro, se había derrumbado toda una estructura ideológica; en concreto, la idea de que el Estado debe controlar amplios sectores de la economía y proteger a las industrias de la competencia extranjera. Por eso, tras asumir la presidencia en 1995, Cardoso se empeñó en reducir los aranceles e integrar a Brasil en la economía mundial estableciendo vínculos comerciales y empresariales dentro del bloque sudamericano Mercosur y también con Europa y Estados Unidos. Esto molestó a muchos: el otrora autor de la teoría de la «dependencia» buscaba ahora inversiones más cuantiosas de lugares como Madrid, Tokio y Nueva York. No obstante, Cardoso comprendió que el mundo había cambiado y que Brasil debía cambiar a la par, así que dejó de lado las ideas del pasado e hizo lo que era mejor para su país.

Asimismo, Cardoso se propuso retirar al Estado de ámbitos a los que sin duda ya no pertenecía y privatizó el nefasto monopolio de las telecomunicaciones de Brasil y muchas otras empresas estatales que se encontraban en la quiebra. Buena parte de ello se llevó a cabo para estabilizar la deuda externa del país, que en aquel momento era la más alta del mundo, y preservar el logro más perdurable de Cardoso, el Plan Real, la iniciativa que en

1994 lanzó una nueva moneda brasileña para poner fin a la hiperinflación desenfrenada que durante años había representado un cruel impuesto para los ciudadanos más pobres. Los recortes presupuestarios y las privatizaciones fueron dolorosos; los sindicatos y otras organizaciones convocaban huelgas constantemente, mientras la oposición acusaba a Cardoso de ser un neoliberal despiadado. Pese a todo, el presidente consideraba que los resultados a largo plazo valían la pena, aun cuando él no cosechara los beneficios. Gracias a la nueva estabilidad financiera, millones de personas pudieron ahorrar e invertir por primera vez.

A pesar de lo que decían sus críticos, Cardoso tampoco era esclavo del Consenso de Washington. Se opuso con vehemencia a Estados Unidos y a Wall Street cuando lo consideró oportuno, en temas como el intento de crear un bloque comercial en el hemisferio (que, según Cardoso, perjudicaría de manera injusta a la agricultura brasileña) y la voluntad de Brasil de ser pionero en el uso de medicamentos genéricos para el tratamiento del sida, lo que salvó innumerables vidas. Su Gobierno también gestionó la reforma agraria más ambiciosa de la historia de Brasil y creó el programa Bolsa Escola, que garantizaba unos ingresos modestos a las familias más pobres siempre que mantuvieran a sus hijos en la escuela y que en años posteriores sirvió de base para programas de transferencia monetaria condicionada aún más ambiciosos.

Al final, aunque el crecimiento económico fue bastante modesto durante sus dos mandatos, los índices de pobreza se redujeron casi un tercio. Cuando Cardoso dejó el cargo, *The New York Times* lo calificó como «el gran estabilizador de Brasil» y la revista brasileña *Veja* afirmó que «sus logros en los ámbitos sociales son sin duda más importantes» que su legado en el ámbito económico. La estabilidad financiera alcanzada con el Plan

Real y las demás reformas de Cardoso preparó el terreno para el auge económico de Brasil en la década de 2000, aunque se atribuiría la mayor parte del mérito a su sucesor, Lula.

También conocí a Lula. Su biografía, su ascensión de limpiabotas a líder sindical, activista en favor de la democracia y luego presidente, es inspiradora y algo que me gustaría ver más a menudo en nuestra región. Considero que hay que reconocerle que mantuvo muchas de las políticas económicas de Cardoso a pesar de la presión de la izquierda y que se dedicó a reducir la pobreza durante los ocho años que estuvo en la presidencia. No obstante, Lula pertenece a ese tipo de político más carismático que siempre hemos tenido en América Latina; Barack Obama le otorgó el célebre apelativo de «el político más popular del mundo».

Mi relación con Lula siempre fue buena. «Moreno, usted es el tipo de neoliberal que me gusta», me dijo una vez, con una sonrisa. En las reuniones que mantuvimos, siempre enumeraba los logros de su mandato. Es algo que, para ser justos, hacen todos los líderes, pero Lula a veces parecía actuar como si nada bueno hubiera ocurrido en Brasil antes de su presidencia. Por supuesto que tenía mucho de qué enorgullecerse, incluida la reducción de la pobreza, que superó las cifras de los años de Cardoso. Sin embargo, el periodo también coincidió con el auge de las materias primas de la década de 2000.

Mientras tanto, la creciente clase media cambiaba de un modo extraordinario, algo que nuestros dirigentes no podían apreciar si no se detenían a escuchar a la gente. Debido a la naturaleza de mi trabajo en el BID, era inevitable que pasara mucho tiempo en ministerios, palacios de gobierno y aeropuertos. Sin embargo, siempre procuré eludir estas burbujas y hablar con el mayor número posible de personas «reales». Cuando conversaba con brasileños de las clases populares en la década de 2000 y principios de la de 2010, en lugares fuera de la ruta habitual, como la zona este de São Paulo o el interior del estado de Minas Gerais, casi nunca parecían considerar que la notable mejora experimentada por sus vidas se debiera a Lula o a ningún otro político. Más bien, veían el progreso como el fruto de su propio esfuerzo, del hecho de trabajar quince horas al día o de haberse convertido en el primer miembro de su familia con estudios universitarios.

Esto puede parecerles obvio a algunos lectores, pero no era así como había funcionado tradicionalmente la política en América Latina. Nuestros políticos tendían a pensar en sí mismos como benefactores que entregaban regalos al pueblo y que por ello merecían una gratitud incondicional y eterna. El ascenso de la clase media de la región cambiaría esa relación para siempre.

Así pues, cuando la música se detuvo —cuando el auge de las materias primas llegó a su fin y la corrupción de esos años quedó por completo al descubierto (por las razones que he explicado en el capítulo anterior)—, la mayoría de esos líderes volvieron a darse de bruces con la realidad. Puesto que en los años de bonanza muchos se habían limitado a disfrutar de sus éxitos en lugar de dedicarse a aprobar una nueva oleada de reformas, sus países sufrieron más de lo esperado. Lula fue condenado por lavado de dinero y corrupción en dos casos diferentes, y estuvo encarcelado un año. Al final, los cargos fueron retirados después de que se descubriera que el juez había actuado con parcialidad; es más, mientras escribo estas líneas Lula se está preparando para presentar una nueva candidatura a la presidencia.

A pesar de todos los altibajos, Cardoso no ha perdido su

magnanimidad. Cuando iba a visitarlo a su despacho, situado en un edificio histórico del centro de São Paulo, siempre me sorprendía que no había dejado de ver a su país como lo haría un sociólogo. Hablaba de los cambios que ocurrían en los diferentes estratos de la sociedad y me explicaba con paciencia las esperanzas y los sueños de la nueva clase media, de los empresarios y de las intrincadas redes del poder político en Brasilia. En otras palabras, parecía estar menos centrado en sí mismo y más en Brasil, y ese tal vez sea el mayor cumplido que se le puede hacer a un líder.

La historia de Ricardo Lagos es similar en algunos aspectos. Al igual que Cardoso, fue un socialista comprometido en sus años de juventud, hasta el punto de que Salvador Allende lo eligió en 1972 como embajador de Chile en la Unión Soviética. Tras el golpe de Estado del año siguiente, Lagos también partió al exilio, donde comenzó su evolución. En la década de 1980 regresó a Chile y abogó por el fin del régimen de Augusto Pinochet en un momento en que la dictadura aún encarcelaba y torturaba a sus enemigos políticos.

En 1988 Lagos se presentó en la televisión nacional y, en un acto de extraordinaria valentía, se convirtió en el primer chileno en denunciar en público y en directo a Pinochet. Levantó el dedo hacia la cámara y se dirigió de manera expresa al general mientras hablaba de los atropellos a los derechos humanos y de su desvergonzado intento de eternizarse en el poder. Cuando el entrevistador, visiblemente asustado, intentó interrumpirle, Lagos continuó impasible. «Usted me va a excusar —dijo con firmeza—. ¡Hablo por quince años de silencio!».

Esta escenificación llenó de energía a los chilenos de una

manera que nadie creía posible y propició la convocatoria del referéndum que condujo a la salida de Pinochet en 1990. Lagos fue ministro en los gobiernos democráticos y luego, en 2000, fue elegido presidente. Siguió adelante con la fórmula consistente en combinar políticas de centroizquierda y capitalismo de mercado que convirtió a Chile en un modelo durante esos años.

Lagos es quizá lo más parecido que hemos tenido en América Latina a Felipe González, el presidente del Gobierno español que lideró un largo periodo de modernización desde la izquierda democrática en las décadas de 1980 y 1990. Durante sus seis años como presidente, Lagos se benefició de unos índices de crecimiento que con frecuencia superaron el 5 por ciento anual. También promulgó numerosas reformas progresistas, como la asistencia sanitaria generalizada, la legalización del divorcio, la abolición de la pena de muerte y la continua reducción de la influencia de los militares en instituciones clave de Chile. Sobre todo, demostró que la izquierda podía gobernar en un país todavía muy polarizado; cuando dejó el cargo tenía un índice de aprobación superior al 60 por ciento.

Al igual que Cardoso, Lagos estaba dispuesto a defender sus principios como presidente, incluso bajo una presión extrema. Chile era un firme aliado de Estados Unidos y en diciembre de 2002 se suscribió un importante acuerdo comercial entre ambos. Sin embargo, pocas semanas después la administración Bush abogaba por declararle la guerra a Irak, en un momento en el que Chile ocupaba uno de los puestos rotativos en el Consejo de Seguridad de Naciones Unidas... y que resultó ser el voto decisivo para una posible resolución del conflicto.

Lagos adoptó una posición intermedia que irritó tanto a Washington como a la mayoría antibélica de Chile. Sugirió que su país no se opondría a la acción militar en ninguna circunstancia, pero también insistió en que los inspectores de la ONU necesitaban más tiempo para verificar las afirmaciones de Estados Unidos de que Sadam Husein poseía armas de destrucción masiva. Los estadounidenses (y los británicos) ejercieron una presión enorme, y Bush telefoneó muchas veces a Lagos a principios de 2003 para tratar de cambiar su voto. El presidente de Francia también le apremió a que adoptara la posición contraria.

En el caso de un país de tan solo quince millones de habitantes como Chile, tan dependiente del exterior en materia de exportaciones e inversiones, se precisaba un valor enorme para defender sus principios. Sin embargo, el hombre que se había enfrentado a Pinochet dos décadas antes no iba a ceder. Al final, Chile se abstuvo de votar y Estados Unidos desató la guerra sin la aprobación del Consejo de Seguridad. Creo que es justo decir que la historia demostró que Lagos tenía la razón.

Ernesto Zedillo se enfrentó a una entidad que en cierto modo era igual de intimidante, el Partido Revolucionario Institucional (PRI) de México. En 1994, Zedillo se convirtió en el candidato del PRI solo porque el heredero natural del partido, Luis Donaldo Colosio, había sido asesinado al principio de la campaña. Con apenas cuarenta y tres años, Zedillo se encontró de repente al mando, pero sin ninguna base política real ni, a decir verdad, carisma o talento evidentes; era por formación un economista que había trabajado en el banco central de México y que se había doctorado en Yale tras presentar una tesis sobre la deuda externa de su país. Ese título resultó ser mucho más útil de lo que cualquiera podría haberse imaginado cuando, apenas unas semanas después de asumir el cargo, estalló una terrible crisis financiera. El peso se devaluó más de un 15 por ciento, el PIB se redujo un 7 por ciento y todo el sistema bancario mexicano estuvo a punto de venirse abajo. Solo la serena gestión de Zedillo y un préstamo de veinte mil millones de dólares de Estados Unidos evitaron que el desastre fuera aún mayor.

Aun así, las cosas pintaban mal; México estaba harto del PRI. El partido había gobernado el país en los últimos 71 años de forma consecutiva, con ligeros cambios de ideología según los tiempos —y elecciones amañadas cuando era necesario— para mantener el control del poder. El novelista peruano Mario Vargas Llosa calificó en su momento al PRI como «la dictadura perfecta», pues combinaba un gobierno autoritario con algo de aparente democracia. Un senador mexicano se refirió a la función del Congreso bajo el gobierno del PRI en los siguientes términos: «Nos pagan por aplaudir».

No obstante, tras la caída de la Unión Soviética, la expansión de la democracia en todo el mundo y algunos traumas locales, como la crisis financiera y la nefasta gestión del PRI ante el devastador terremoto de 1985, Zedillo pareció entender que el cambio era inminente. Por ejemplo, en 1995 se negó a interponerse cuando los tribunales ordenaron la detención por asesinato del hermano de su predecesor, algo que durante mucho tiempo había sido impensable dada la impunidad que protegía a la vieja guardia del PRI.

A medida que se aproximaban las elecciones de 2000 quedó claro que Vicente Fox, un exejecutivo de Coca-Cola, alto y carismático, podía ganar si los comicios eran justos. Cuando se dio a conocer el resultado, Zedillo habló en la televisión y dijo: «El próximo presidente de la república es Vicente Fox», lo que imposibilitó que otros intentaran manipular las elecciones.

Esta y otras «transgresiones» indignaron al parecer a los miembros de la vieja guardia del PRI. No obstante, Zedillo pasó a la historia como un dirigente que gestionó la transición a la democracia plena, restableció la estabilidad económica, sofocó una revuelta independentista en el sur del país y, además, propició el auge de la inversión y el comercio durante los primeros años de México en el TLCAN (ahora T-MEC), el bloque al que se unió junto con Canadá y Estados Unidos. Por el momento, se encuentra de vuelta en Yale, donde imparte clases y forma parte de numerosos comités.

¿Qué nos enseñan, pues, estas historias?

Lo primero que cabe destacar es que, en la actualidad, estos tres personajes serían tildados con toda seguridad de «traidores» en Twitter y en la televisión por cable de programación ininterrumpida. A su manera, cada uno de ellos, a medida que evolucionaba junto con sus circunstancias, le dio la espalda a su partido, el peor pecado que cabe cometer en la política del siglo XXI. No solo se alejaron de su ideología de juventud, sino que tomaron decisiones difíciles que violaban el dogma de la época.

Desde luego tenían principios, pero estaban interesados sobre todo en construir una democracia, reducir la pobreza y generar bienestar para sus compatriotas, y vieron que había múltiples maneras de hacerlo. En lugar de declarar sin más que el Estado es siempre malo o bueno, o de alinearse a ciegas con Washington o cualquier otro poder, evaluaron cada situación y actuaron en consecuencia. En definitiva, fueron pragmáticos y valoraron la experiencia y los matices por encima de cualquier ismo. Ese es un camino más difícil, tanto en el plano político como en el intelectual, pero da resultados.

Vale la pena recordar las circunstancias imprevistas que los llevaron al poder. Mientras que Lagos siempre pareció destinado a la presidencia, Zedillo y Cardoso la alcanzaron de manera casi circunstancial, hasta el punto de que este último tituló sus memorias *The Accidental President of Brazil*. En el mundo de hoy, donde las campañas parecen perpetuas, cabe preguntarse si las voces más fuertes y ambiciosas de las redes sociales acabarían por hacerlos a un lado. Ninguno de los tres era un completo advenedizo; todos tenían a sus espaldas una larga trayectoria política. No obstante, el hecho de que no hubieran dedicado décadas a prepararse para la presidencia los llevó, una vez que resultaron elegidos, a buscar el apoyo necesario para gobernar más allá de su círculo inmediato. En otras palabras, crearon consenso y trabajaron con una gran variedad de personas; esa es la receta del éxito.

El exilio (o, en el caso de Zedillo, el haberse formado en el extranjero) les dio el contexto global del que nuestros líderes carecen a veces; ello les permitió captar los cambios que ocurrían a la sazón en el mundo. En comparación, muy pocos de los presidentes actuales de nuestra región han estudiado o vivido en el extranjero, algo que, en mi opinión, afecta mucho a sus prioridades.

Hay un último factor que me parece especialmente crítico si se tiene en cuenta el contexto actual. Lagos, Cardoso y Zedillo se forjaron gracias a los múltiples traumas de nuestra «década perdida», la de 1980. Este periodo de recesión prolongada, y sobre todo de lucha por restablecer la democracia en toda la región, perfeccionó sus capacidades y les dejó claro cuál era su misión. También es posible que llevara a los propios votantes a adoptar un conjunto de valores diferente, a elegir líderes que dejaran a un lado el histrionismo y el drama y que estuvieran dispuestos a inyectar esa anhelada dosis de capitalismo y democracia en nuestras sociedades.

Entonces ¿significa esto que ya existe una generación en ciernes de líderes de este tipo?

Es posible. Ojalá así sea. Con todo, en la historia de estos tres líderes hay también una advertencia: el liderazgo audaz suele ser impopular. Cardoso, en particular, fue vilipendiado durante muchos años después de dejar el cargo, no solo por Lula sino por muchos otros, debido a sus reformas «crueles» y antipopulares; desde entonces, su Partido de la Social Democracia Brasileña ha perdido todas las elecciones presidenciales. También muchos chilenos ven a Lagos como una reliquia de otra época.

No obstante, tanto Cardoso como Lagos y Zedillo llevan años retirados de la política. La historia se escribe ahora, treinta o cuarenta años después, y no es sino desde hoy que podemos apreciar los frutos de sus gobiernos.

Así pues, para que su legado se repita, tendrá que aparecer un grupo de líderes que se traumaticen tanto con las circunstancias existentes que estén dispuestos a apartarse de las tendencias del momento y a hacer lo correcto, a pesar de las consecuencias negativas que tendrá para ellos, y quizá también para sus partidos, durante muchos años. Es una tarea difícil, pero espero que la gente esté dispuesta a afrontarla.

Desde luego, existen muchos modelos de liderazgo eficaz. Uno de los dirigentes más inspiradores que conocí durante mi paso por el BID provenía de uno de los países miembros más pequeños, Barbados.

Mia Mottley se convirtió en la primera ministra de la nación insular en 2018, y, en honor a la verdad, era una tarea que muchos no habrían querido asumir en aquel momento. Como gran parte del Caribe, la economía de Barbados ha tenido problemas durante muchos años, quizá desde la crisis financiera de finales de la década de 2000. Además de la elevada deuda pública y la disminución de la reserva de divisas, Barbados tenía un terrible problema adicional: un sistema de alcantarillado que se desbordaba, sobre todo en la costa sur del país, una de las principales zonas turísticas, lo que provocó una oleada de cancelaciones de reservas, una prolongada publicidad negativa y una descomunal factura de saneamiento.

Durante su campaña, Mottley no eludió el debate sobre estos problemas, ni sobre las duras medidas que serían necesarias para afrontarlos. Barbados tenía una deuda en relación con el PIB del 175 por ciento, lo que lo convertía en el tercer país más endeudado del mundo según algunos cálculos. No había forma de evitarlo: la austeridad sería necesaria. Pero Mottley subrayó: «Todos debemos compartir la responsabilidad. No se puede pedir a los trabajadores que carguen con todo el peso, pero tampoco el sector financiero debe asumir todo el problema».

Los votantes la recompensaron por su sinceridad: su partido, el Laborista de Barbados, obtuvo los treinta escaños del Parlamento, es decir, arrasó sin paliativos; era la primera vez que algo así ocurría en la historia de Barbados. Por supuesto, esto suscitó la preocupación de que el partido y Mottley se volvieran demasiado poderosos. Sin embargo, tras asumir el cargo, gobernó con transparencia y determinación y combinó los recortes presupuestarios con programas sociales sensatos que ayudaron a proteger a los ciudadanos más vulnerables.

En todo ese tiempo nunca perdió el optimismo, lo cual me parece que será de especial importancia en los años venideros, cuando el Caribe intente recuperarse de la crisis de la COVID-19. En Bahamas, Barbados y Jamaica, entre el 35 y el 50 por ciento del PIB suele derivar del turismo. Pueden pasar años antes de que los viajes internacionales regresen a los niveles anteriores a la pandemia; mientras tanto, los líderes de todo el hemisferio harían bien en imitar la mezcla de compasión, honestidad y visión de Mottley sobre lo que se debe hacer.

El liderazgo de calidad en los ámbitos ejecutivo y legislativo es muy importante, pero pienso además que, no solo por la pandemia, sino también por el estancamiento general de los años anteriores, los latinoamericanos ya somos conscientes de que la política y las leyes son demasiado importantes para dejarlas solo en manos de los políticos.

En años recientes, hemos visto sin duda un mayor número de personas de la sociedad civil y del sector privado (y algunas que tienen un pie en cada lado) que han intentado dar un paso al vacío, y en algunos casos han tenido un impacto enorme. Nos están ayudando a abordar algunos de los problemas políticos más acuciantes e insolubles que tenemos a través de un mayor compromiso en materia de responsabilidad social corporativa, negocios que combinan el beneficio con el bien social y, asimismo, a través de la filantropía, a una escala que no habíamos visto antes en la región.

La verdad es que las generaciones anteriores de líderes empresariales latinoamericanos solían dudar a la hora de participar en obras de caridad en sus países de origen. En realidad, no teníamos una tradición propia de Rockefellers, Fords o Gates, que donaban un gran porcentaje de su fortuna a programas sociales, universidades, museos, fundaciones u otros proyectos destinados al bienestar público. Hubo algunos casos en que las personas más ricas de América Latina donaron dinero a una universidad estadounidense o una biblioteca europea, pero no consideraron oportuno financiar proyectos equivalentes en sus países de origen. En los dos de la región donde la filantropía es más fuerte, México y Colombia, los activos de las fundaciones solo representan el 1 por ciento del PIB, frente al 4,8 por ciento en Estados Unidos.

Aclaro que esto obedeció en parte a que la legislación fiscal de la mayoría de nuestros países no permite realizar deducciones por obras de caridad al mismo nivel que en Estados Unidos (los gobiernos suelen temer que se abuse de ello para evadir impuestos), pero me parece que hubo otros factores, entre ellos el deseo de transmitir la riqueza de generación en generación en lugar de «donarla»; la empresa familiar es sin duda un modelo muy sólido en América Latina. También considero que es posible que las generaciones anteriores no albergaran las mismas ideas sobre la responsabilidad social; muchos se preocupaban por sus compatriotas, sí, pero creían que, en última instancia, era responsabilidad del Estado (o de la Iglesia) ayudar a satisfacer las necesidades de la gente más vulnerable.

En años recientes, esto ha empezado a cambiar. Considero que las acciones de grandes empresarios ayudaron a aflojar los monederos y mostraron que había otro camino para los ricos de la región. Carlos Slim comenzó a financiar iniciativas para revitalizar el centro histórico de Ciudad de México a comienzos de la década de 2000, y desde entonces ha destinado parte de su fortuna a programas de sanidad y educación. Con posterioridad, otros han seguido su ejemplo. Aún hay muchos obstáculos, entre ellos el afán de los gobiernos por regular de manera exhaustiva este sector; en 2020, *The Economist* señaló que en Chile había unas sesenta leyes relacionadas con el tratamiento fiscal de las donaciones. Sin embargo, a pesar de ello muchas organizaciones han florecido; según un estudio de la Universidad del Pacífico peruana, más de la mitad de los grupos filantrópicos de América Latina fueron fundados a partir del año 2000.

Un ejemplo magnífico de esta nueva oleada de líderes filantrópicos y cívicos es Patricia Marino, miembro de la familia propietaria de Itaú Unibanco, el primer banco de Brasil. Patricia se ha involucrado con entusiasmo en diversas causas que mucha gente no haría suyas: los derechos humanos, la legalización de la marihuana y, sobre todo, el bienestar de las mujeres encarceladas. Su organización Humanitas360 participa en la gestión de una cooperativa que capacita a las mujeres en los campos de la confección, el diseño y otros ámbitos; luego les da la materia prima para que elaboren productos artesanales y les permite retener los beneficios.

Muchos más podrían seguir el camino de Patricia, pero no saben cómo hacerlo. Como dato curioso, Patricia comenta que solo cuando ella y su esposo, Ricardo, se mudaron a Boston empezó a entender de verdad cómo funcionaba la filantropía, tanto en su espíritu como en la realidad. Ha hablado en público y sin tapujos sobre la raza y el género en América Latina, a la vez que ha criticado las barreras logísticas y de otro tipo que impiden que nuestras élites puedan prestar más ayuda, como la idea del hombre que se ha hecho a sí mismo. «La gente dice que cuando sus abuelos llegaron a Brasil ni siquiera sabían leer o escribir —afirmó en una reciente entrevista a un periódico—. Entonces les digo que eran blancos de ojos azules y que tenían una gran ventaja. Ser negro es algo muy diferente». Este tipo de verdades son audaces y complejas. Y también son muy importantes.

En los últimos años, ante el aumento de estas iniciativas, algunos políticos han reaccionado de manera negativa contra la sociedad civil. El mexicano Andrés Manuel López Obrador ha sido muy crítico con las organizaciones sin ánimo de lucro en su país, al igual que Jair Bolsonaro en Brasil, Nayib Bukele en El Salvador y otros. No es de extrañar que algunos gobiernos se sientan amenazados; es incómodo ver que otros ejercen algunas de las responsabilidades del Estado mejor que el propio Estado.

Me parece que, al mostrar el camino a seguir, nuestros líderes de la sociedad civil y de las organizaciones filantrópicas no solo ayudan al prójimo, sino que además animan a nuestros políticos a que, según esperamos, hagan un mejor trabajo en los años venideros, que sin duda serán difíciles.

7

Incluir de verdad a todo el mundo

Hace casi cuatro décadas, la democracia se afianzó en Argentina; esta vez, por fin, de manera definitiva. Los horrores de los años de la llamada «guerra sucia» bajo la última dictadura militar, que dejó nada menos que treinta mil muertos y a la otrora rica economía argentina en la más absoluta bancarrota, hicieron que una nueva generación se diera cuenta de que las fuerzas armadas no tendrían nunca la categoría moral ni las aptitudes para volver a gobernar. Cuando el presidente Raúl Alfonsín declaró en su toma de posesión en 1983 que «con la democracia no solo se vota, sino que también se come, se educa y se cura», el Congreso argentino se puso de pie y aplaudió jubiloso. «Vamos a vivir en libertad —dijo Alfonsín—. De eso, no quepa duda».

Argentina formó parte de la gran oleada de retorno a la democracia que recorrió nuestra región a partir de los años ochenta. Brasil y Chile se unieron de nuevo al club, y países como Panamá, Guatemala y otros no tardaron en seguir su ejemplo. En 1994 solo quedaba una dictadura, la de Cuba. En todos los demás países se imponía un grado cada vez mayor, aunque todavía imperfecto, de libertad de expresión, libertad personal y gobierno participativo.

No obstante, había un problema grave: nuestras democracias no se parecían en absoluto a nuestras sociedades.

En efecto, las mujeres apenas representaban el 5 por ciento de los parlamentarios en los países latinoamericanos donde la democracia acababa de regresar. A pesar de que las mujeres habían desempeñado un papel importante en los movimientos sociales y en las manifestaciones que habían derrocado a las dictaduras, como la campaña Diretas Já de Brasil, ahora se encontraban excluidas del poder. El sistema de gobierno quizá hubiera cambiado, pero nuestros gobiernos aún eran clubes de hombres, con todos los prejuicios, puntos ciegos y tratos preferenciales que ello implicaba.

¿Cómo alterar un *statu quo* tan inflexible? Algunas dirigentes del movimiento por la paridad de género en Argentina contaron más adelante que gran parte de su inspiración provino de cumbres y viajes internacionales, como la Conferencia Mundial sobre la Mujer organizada por Naciones Unidas en Kenia en 1985, así como de las reuniones que habían celebrado en sus giras, en particular a países europeos como España, Alemania e Italia. También reconocieron la importancia de las conversaciones con colegas latinoamericanas de Costa Rica, Chile y otros países. Todo ello atestigua el poder del intercambio de ideas a escala internacional, aunque también es cierto que gran parte del impulso se originó en casa, pues hundía sus raíces en la muy vibrante sociedad civil de Argentina.

A finales de la década de 1980, las argentinas idearon un plan audaz: convencer al Congreso de que aprobara una cuota, que obligaría a los partidos políticos a designar mujeres para al menos el 30 por ciento de los puestos elegibles en sus listas de candidatos. No significaría una igualdad total, por supuesto, pero sería un gran avance sin precedentes. Ningún otro país había aprobado una cuota como esta, ni en América Latina ni en ningún otro lugar.

Como era de suponer, la resistencia inicial fue considerable. Los defensores del *statu quo* sacaron a relucir tópicos antediluvianos. Algunos incluso adujeron los fracasos de la única presidenta argentina hasta ese momento, Isabel Perón, como supuesta prueba de que las mujeres no eran mejores políticas que los hombres. A pesar de todo, las promotoras de la iniciativa persistieron. Organizaron una inteligente campaña mediática, con consignas de este estilo: «Si pocas mujeres ingresan a la política, las mujeres cambian [al asumir el cargo]. Si muchas mujeres ingresan a la política, cambia la política». Finalmente, a comienzos de 1992 el entonces presidente Carlos Menem aprobó el proyecto de ley.

Participación de mujeres en el Congreso Nacional de Argentina, 1992-2018

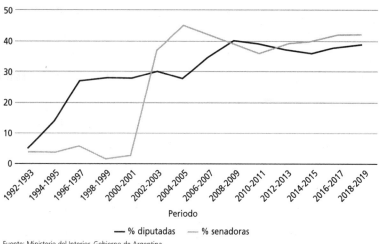

Fuente: Ministerio del Interior, Gobierno de Argentina

Tal y como había anunciado el eslogan, en los años siguientes no solo cambió la composición del Congreso argentino, sino también la naturaleza de la política misma. Las actitudes evolucionaron en varios temas. En la década de 1990 se habían presentado en repetidas ocasiones varios proyectos de ley para promover la salud reproductiva en Argentina, pero no habían sido aprobados. Sin embargo, en 2002 el porcentaje de legisladoras en el Congreso superó por primera vez la barrera del 30 por ciento. Además, para entonces las mujeres ocupaban puestos importantes en comisiones legislativas cruciales como las de sanidad y presupuesto. No es casualidad que ese mismo año se aprobara una nueva ley para que los anticonceptivos fueran gratuitos en los sistemas de salud públicos, privados y sindicales del país.

A ello pronto le siguieron una serie de cambios de gran magnitud. Por ejemplo, en 2010 Argentina se convirtió en el primer país de América Latina en legalizar el matrimonio entre personas del mismo sexo, lo cual otorgó a los gays y las lesbianas todos los derechos legales que correspondían a las parejas heterosexuales. Una década después, en diciembre de 2020, el Congreso votó a favor de la legalización del aborto, lo que convirtió a Argentina en el país más grande de la región en hacerlo, mientras una gran multitud bailaba y lo celebraba en las calles. En ambos casos hubo dinámicas complejas, como la movilización de la sociedad civil, pero nadie dudaba de que contar con un Congreso integrado por grupos diferentes al de los hombres mayores era fundamental para allanar el camino hacia el cambio.

Inspirados en muchos casos por el ejemplo de Argentina, otros países de América Latina aprobaron en las décadas de 2000 y 2010 cuotas de género para sus parlamentos, muchas de las cuales se fijaron en el 50 por ciento. Estos requisitos no son de por sí una panacea, por supuesto, y en algunos países los hombres aún encuentran resquicios para eludirlos; Brasil, por ejemplo, solo tiene un 13 por ciento de mujeres en las dos cámaras del Congreso. Hoy en día, no obstante, ocho países de la región exigen a los partidos que garanticen la paridad de género entre sus candidatos a ocupar un escaño, y esto ha propiciado un cambio de naturaleza sísmica en muchos países.

Según un estudio, el porcentaje de mujeres en puestos importantes del sector público en toda América Latina se ha incrementado hasta alcanzar alrededor del 25 por ciento, el doble que en el año 2000. Esta tasa de aumento es más elevada que la registrada en cualquier otra región del mundo, según el Foro Económico Mundial. En tres países —Bolivia, México y Costa Rica— el porcentaje de mujeres en el Congreso nacional se acerca o llega al 50 por ciento. En toda América Latina, el número de mujeres en los parlamentos nacionales ronda el 30 por ciento, menos de lo que debería ser, pero aun así está por encima de la cifra correspondiente al Congreso estadounidense, donde las mujeres ocupan alrededor de una cuarta parte de los escaños. Además, en 2020 los chilenos votaron a favor de confeccionar una nueva Constitución que sería redactada por una asamblea compuesta a partes iguales por hombres y mujeres, lo que la convertiría en la primera carta magna elaborada por un grupo de personas con igualdad de género.

Aclaro que todavía queda camino por recorrer. Incluso cuando se logre la paridad en la política, no será *per se* suficiente para garantizar la igualdad en otros ámbitos de la sociedad. Una vez dicho esto, confieso que me encanta lo ocurrido en Argentina y en otros lugares, porque demuestra que el progreso es posible y que podemos cambiar nuestra política y nuestras sociedades para incluir a todo el mundo, sin importar su género, raza u orientación sexual. Ese es el camino hacia un futuro mejor, para lograr muchos de los objetivos que he tratado de exponer en este libro. Hacer que todo el mundo participe en la recuperación... Eso sí que sería toda una reinvención.

A medida que nuestros países dejan atrás poco a poco la pandemia, la inclusión vuelve a ser una prioridad absoluta en la agenda política de gran parte de América Latina. Las renovadas protestas que sacudieron a Colombia a partir de abril de 2021, la elección en Perú dos meses después de Pedro Castillo, un candidato de un partido marxista-leninista, y la elección de Gabriel Boric en Chile y la composición más bien de izquierdas de la recién elegida Convención Constitucional en este país así lo señalan. Indican que la ira que suscita la desigualdad y el deseo de derribar el *establishment* aún determinan las decisiones electorales de muchos votantes, ahora incluso más que antes de la pandemia.

En algunos países, asistimos al resurgimiento de la vieja izquierda socialista de América Latina, pero con ropajes distintos. Sin embargo, así como ocurrió en el caso de las protestas en Chile y en otros lugares antes de la pandemia, yo no veía lo que sucede como una simple reedición de las batallas ideológicas de la Guerra Fría. Parece algo de mucha mayor envergadura que eso. La furia generalizada por el desigual coste humano y económico de la COVID-19 y la sensación de que los gobiernos son indiferentes, carecen de recursos y no son representativos impulsan a mucha gente a protestar.

Mientras seguía las marchas en mi país, me inquietó la historia de Lucas Villa, un joven manifestante de Pereira, en el piedemonte cafetero occidental. Antes de salir a una manifestación en mayo de 2021, envió un mensaje de audio a un compañero de estudios. «Es un momento duro, feo y fuerte, en el que puede pasar lo peor para todos —le dijo Villa a su amigo—. Muchos podemos morir, porque en Colombia el solo hecho de ser joven y estar en la calle es arriesgar la vida. Todos podemos morir».

Horas más tarde Villa recibió ocho disparos de unos desconocidos que iban en motocicleta, cuando formaba parte de un grupo de manifestantes que bloqueaba un puente de forma pacífica. En el momento de escribir estas líneas, sus asesinos siguen en libertad; el Gobierno ha ofrecido una recompensa cuantiosa a quien facilite información que conduzca a su captura.

Hay muchas cosas que me preocupan de esta historia; en primer lugar, por supuesto, la muerte violenta de un ciudadano que ejerce su derecho democrático a la protesta, algo que ha ocurrido con demasiada frecuencia en Colombia. Pero también me impresionó el hecho de que Villa y tantos otros creyeran necesario arriesgar su vida en nombre del cambio político. Me obligó a preguntarme cuántos de los ciudadanos de América Latina padecen una falta de esperanza; cuántos albergan la creencia de que las estructuras existentes no les dan la oportunidad de desarrollar su potencial, o que ni siquiera les garantizan un bienestar mínimo, habida cuenta de lo que ha ocurrido durante la pandemia. En un entorno como este, las voces radicales suelen ganar la partida. También las antidemocráticas.

De hecho, estoy muy preocupado por el rumbo que están tomando los acontecimientos, no solo en Colombia sino en toda la región. Me preocupa que, en lugar del objetivo de «reconstruir mejor» tras la devastación causada por la COVID-19, la energía en el seno de nuestras sociedades se dirija sobre todo a la destrucción, incluida la de las instituciones y filosofías que nos han dado un buen resultado, como la democracia y la apertura del mercado. Ya hemos vivido momentos como este en América Latina, entre otros en las décadas de 1960 y 1970. A menos que podamos orientar este anhelo de cambio en una dirección constructiva, podríamos enfrentarnos a un largo periodo de inestabilidad que no dará los frutos que la mayoría de la gente espera.

¿Qué debemos hacer? Pues bien, tenemos que acelerar los cambios que puedan atraer a más personas a nuestra política, a nuestra economía y a nuestra sociedad, incluidas algunas de las ideas que he tratado de exponer en este libro. No obstante, pienso que también tenemos que defender, con valentía y sin pedir disculpas, lo que ha funcionado hasta ahora. No podemos limitarnos a ignorar o «cancelar» las políticas, los sacrificios y el trabajo arduo que han generado riqueza y reducido la pobreza y la desigualdad en muchos de nuestros países durante los últimos treinta años.

Por ejemplo, me sorprendió mucho que, durante las recientes elecciones de Chile para la Convención Constitucional, los miembros de la antigua Concertación, la coalición de centroizquierda que gobernó el país durante veinte años tras el retorno de la democracia en 1990, no mencionaran en absoluto los logros que cosecharon en el pasado. Se trata del grupo que lideró uno de los periodos más exitosos de la historia reciente de América Latina. Sí, tuvo defectos y fallos, como he comentado antes. Sí, los chilenos estaban en un estado de ánimo antisistema. Pero ¿ni siquiera mencionar el pasado? Me pareció un gran error. Por eso, nadie se sorprendió cuando esta izquierda más moderada perdió las elecciones ante grupos como el Frente Amplio.

Es, y será, un equilibrio difícil de conseguir. Debemos reconocer la necesidad de cambiar, pero sin abandonar por completo lo que ha funcionado. Tenemos que reinventar lo que sea necesario y copiar sin reparos los logros ajenos. Y ello incluye dejar de lado la timidez, compartir las historias de éxito de América Latina y celebrarlas tanto como sea posible.

Cuando se trata de la lucha por una mayor igualdad en el trabajo y en la economía en general, hay pocas historias de éxito mejores en todo el mundo que la de Luiza Trajano.

Como una auténtica pionera, en 1991 Trajano asumió el puesto de directora general de Magazine Luiza, una pequeña cadena familiar de tiendas de electrodomésticos, en un momento en que la hiperinflación hacía estragos en la economía brasileña. Los minoristas eran bastante vulnerables al alza de los precios, de modo que era arriesgado acumular un volumen excesivo de existencias. Ante ello, Luiza decidió abrir una cadena de tiendas pequeñas donde los clientes —la mayoría de ellos miembros de las clases trabajadoras— podían hojear un catálogo y luego pedir lo que quisieran a través de un ordenador, sin necesidad de tener expuestos electrodomésticos reales. Esto fue mucho antes de que se generalizara el uso de internet, y la innovación resultó muy popular.

De hecho, este enfoque único constituyó la tabla de salvación de la empresa durante la crisis; cuando la economía se normalizó tras el Plan Real de Fernando Henrique Cardoso en 1994 y con el auge del consumo de masas bajo el mandato de Luiz Inácio Lula da Silva en la década de 2000, el negocio despegó. En la actualidad, la empresa cuenta con más de mil trescientas tiendas en todo Brasil, ahora con mercancía física, y más de cuarenta y cinco mil empleados. Trajano, con más de sesenta años, tiene un capital de más de tres mil millones de dólares, que la convierten en una de las personas más ricas de Brasil y quizá en la empresaria de más renombre.

No conforme con sentarse a disfrutar del éxito, Trajano ha hecho que la inclusión de todas las personas forme parte de su misión permanente. Los clientes adoran Magalu, el nombre cariñoso que recibe la cadena de tiendas, porque ofrece a precios razonables productos que suelen ser demasiado caros en Brasil debido a los aranceles y a la costosa logística, como los hornos microondas y las lavadoras. En 2013 creó un grupo de mujeres de la sociedad civil llamado Mulheres do Brasil para promover el empoderamiento femenino, una agrupación que ahora tiene casi cien mil miembros. También ha presionado para que se establezcan cuotas que aumenten el porcentaje de mujeres en las juntas de administración de las empresas; se estima que en la actualidad esa cifra asciende al 7 por ciento en Brasil y al 5 por ciento en América Latina (en comparación con el 17 por ciento en Europa).

«Hasta hace dos o tres años, ni siquiera se tenía en cuenta a las mujeres para que ocuparan un puesto en las juntas de administración. No tenían ninguna posibilidad —dijo Trajano al *Financial Times* en una entrevista reciente—. Solo se puede hablar de meritocracia cuando hay oportunidades para todos».

De hecho, estas brechas en el mundo empresarial son solo una pequeña muestra de la discriminación que existe en todas nuestras economías. Mientras que la brecha de género en la educación y la atención sanitaria se han reducido en los últimos veinte años, aquella a la que se enfrentan las empresarias en América Latina es todavía enorme. Se calcula que el déficit en cuanto a préstamos concedidos a empresas dirigidas por mujeres asciende a casi cien mil millones de dólares. Aunque, según las encuestas, las mujeres toman dos tercios de las decisiones sobre los gastos del hogar en América Latina, más de la mitad no tenían una cuenta bancaria antes de la pandemia, en comparación con el 6 por ciento en los países de la OCDE. Todos los días, las mujeres se enfrentan a prejuicios y discriminación en los bancos e instituciones financieras de la región. Incluso en Colombia, que tiene el doble de empresarias que la media del resto de los países de América Latina, proporcionalmente las mujeres solo piden la mitad de préstamos que los hombres. Además, cuando las mujeres solicitan uno, los bancos les exigen más garantías que a los señores, y eso a pesar de que las pequeñas empresas dirigidas por mujeres tienen un 54 por ciento menos de probabilidades de incurrir en impago.

El arduo trabajo para corregir este tipo de injusticias sería razón suficiente para aplaudir a personas como Trajano. Sin embargo, ella ha llegado incluso más lejos, al abordar otros temas difíciles que algunas personas no suelen querer afrontar. En 2017, después de que la gerente de una tienda de Magazine Luiza fuera apuñalada hasta la muerte por su expareja, Trajano formó en pocos días un grupo asesor para los empleados conformado por abogados, fiscales y especialistas de ONG en violencia doméstica. La empresa puso en marcha una línea de atención telefónica interna para los empleados, con personal capacitado y presto a ponerlos en contacto con profesionales de la salud mental, las autoridades o asesores jurídicos, e incluso a reubicarlos cuando fuera necesario. Desde entonces, la red ha brindado ayuda a más de cuatrocientas trabajadoras de Magazine Luiza, al tiempo que ha llamado la atención sobre temas que van desde el acoso hasta el feminicidio, que se cobra más de mil vidas al año tanto en Brasil como en México; se trata de un problema enorme en toda la región.

En fechas más recientes, Trajano ha abordado otra importante y eterna fuente de desigualdad en nuestra región, la raza. Aunque más de la mitad de los brasileños se identifican como negros, estos solo representan el 18 por ciento del Congreso y el 5 por ciento de los ejecutivos de las empresas más grandes de Brasil, mientras que constituyen el 75 por ciento de las víctimas de asesinatos y solo ganan el 57 por ciento del salario promedio de los brasileños blancos. En todo el continente americano hay diferencias similares en relación con las poblaciones afrodescendientes, los indígenas y otros grupos que han sido marginados a lo largo de la historia. Si bien estas desigualdades siempre han preocupado a Trajano, decidió tomar medidas adicionales a raíz del asesinato de George Floyd en 2020, un hecho que suscitó un amplio debate sobre la raza y la desigualdad en todo el hemisferio.

A raíz de ese crimen, Magazine Luiza anunció que asignaría las veinte plazas de su programa de formación de posgrado a aspirantes negros. Esto provocó una avalancha de acusaciones de «racismo inverso» en las redes sociales, pero la empresa demostró su temple, siguió adelante y acabó por recibir casi veinte mil solicitudes para esos puestos. Otras empresas de Brasil no tardaron en seguir su ejemplo.

La historia de Trajano constituye un ideal de aquello de lo que América Latina podría, en las circunstancias adecuadas, disfrutar al salir de la pandemia: líderes valientes que trabajan para combatir inequidades centenarias; un capitalismo más empático e inclusivo; una aceleración de la innovación y la disrupción liderada por personas que han perfeccionado su sagacidad empresarial durante tiempos difíciles y que, en consecuencia, se han fortalecido.

Todo es posible, pero tenemos que dar el primer paso y hacerlo realidad.

De cara al futuro, creo que uno de los mayores riesgos para la recuperación de América Latina es algo que antes era nuestra mayor fortaleza, las instituciones educativas.

Entre 1991 y 2010, el porcentaje de jóvenes de América Latina que estaban matriculados en algún centro de educación superior (tanto universidades como escuelas técnicas) se duplicó con creces. Ninguna otra región experimentó un progreso tan acelerado. Hace dos décadas, nuestras tasas de educación superior eran comparables a las de Asia Central; hoy hemos avanzado mucho. La demanda de educación superior es una consecuencia directa de la movilidad ascendente de las décadas de 1990 y 2000, cuando muchas personas pasaron a formar parte de la clase media y comprendieron lo que debían hacer para mantenerse en ella. En toda la región se han abierto más de 2.300 nuevos centros de educación superior. De resultas de ello, más del 40 por ciento de los jóvenes en edad universitaria cursan estudios superiores, una cifra que supera el promedio mundial, aunque todavía está por debajo de las de Europa y Estados Unidos, según datos de la Unesco.

Es cierto que, en algunos casos, la calidad de la educación que reciben los estudiantes es desigual, y también lo es que la universidad ha impuesto a muchos de ellos una deuda muy elevada, algo que ha dado pie a una controversia política en países como Perú y Chile. Pero, en general, creo que este aumento tanto del predominio de la educación como de la importancia que le damos puede transformar la realidad. En los últimos treinta o cuarenta años, también ha mejorado mucho el porcentaje de personas que finalizan la enseñanza secundaria. Aquellos que han invertido en su formación solo ahora se encuentran en los mejores años de su carrera.

Sin embargo, por desgracia, este es otro de los ámbitos en los que la pandemia ha golpeado con mayor dureza a América Latina. El aprendizaje a distancia no era posible en vastas zonas de la región. Solo dos tercios de los estudiantes tenían acceso a un ordenador fuera de la escuela para hacer los deberes, y, una vez más, esta cifra ocultaba la verdadera división de clases.

En Perú, por ejemplo, alrededor del 94 por ciento de los estudiantes más ricos tenían acceso a dispositivos digitales adecuados en el entorno escolar antes de la COVID-19. En cambio, en el grupo de ingresos más bajos esa cifra era apenas del 7 por ciento.

Incluso dejando de lado la brecha tecnológica, el impacto de la COVID-19 en la educación ha sido devastador. Los niños de América Latina perdieron por término medio más días de clase durante el primer año de la pandemia que los de cualquier otra parte del mundo, según Unicef. Más de la mitad de los 190 millones de niños de la región seguían sin poder acudir a las aulas en julio de 2021. Según el Banco Mundial, el 15 por ciento de ellos dejarían de ir a la escuela. Un grupo de académicos, entre los que se hallaba Nora Lustig, profesora de la Universidad Tulane, estimó que la tasa de abandono escolar podría volver a los niveles registrados por última vez en la década de 1960, es decir, que se perdería medio siglo de progreso en poco más de un año.

Se trata sin duda de la crisis equivocada en el momento equivocado; una tragedia que, si no se le pone remedio, no hará más que aumentar la desigualdad que ya hace mella en el tejido de nuestra sociedad. Debemos movilizar todos nuestros recursos no solo para intentar que los niños vuelvan a las aulas, sino para recuperar el progreso perdido, si es necesario mediante horas extra y aprendizaje complementario. Es algo que tendrá un coste para el ahorro público, qué duda cabe, por la necesidad de contratar profesores adicionales y de mantener en funcionamiento las instituciones educativas; pero, si hay una inversión que merezca el calificativo de urgente, es esta. Mientras escribo este libro, muchos de nuestros líderes no parecen haberle dado a esta emergencia la atención que merece. Esperemos que lo hagan. Nuestros hijos —y nuestras sociedades futuras— exigen soluciones.

Cuando pienso en el futuro y me siento poco optimista, trato de recordar la historia de El Rodadero, la playa colombiana donde mi familia pasaba las vacaciones cuando era niño.

El Rodadero se encuentra al sur de Santa Marta, la ciudad más antigua de Colombia y una de las más bellas. Fundada por el explorador español Rodrigo de Bastidas en 1525, Santa Marta siempre ha desempeñado un papel importante en nuestro imaginario nacional. En las décadas de 1950 y 1960, era el centro turístico caribeño preferido por las familias de clase media, un destino familiar económico. Contaba con exuberantes manglares, arrecifes de coral y, en el horizonte, las montañas más espectaculares que quepa imaginarse, la Sierra Nevada, llamada así porque sus picos de 5.400 metros de altura están, aunque parezca mentira, cubiertos de nieve a pesar de encontrarse a apenas cuarenta kilómetros del mar Caribe.

De niños, nos pasábamos días enteros en El Rodadero; nos deslizábamos por una enorme montaña de arena hasta el océano y nos desternillábamos de risa hasta que llegaba la hora de comer: pescado fresco, por lo general una mojarra, frita de manera sencilla y servida con plátano, arroz con coco y ensalada. Nos íbamos a la cama felices y saciados, con las ventanas abiertas, para refrescarnos con lo que los lugareños llaman «la brisa loca», la deliciosa brisa del Caribe. Era un auténtico paraíso.

Sin embargo, en la década de 1970 la ciudad se ganó una reputación muy diferente: se convirtió de la noche a la mañana en la sede de Santa Marta Gold, la marca de marihuana más conocida y vendida del mundo. Las cumbres de la Sierra Nevada resultaron ser el terreno de cultivo perfecto; aislado, impenetrable y fresco. Las idílicas playas de mi juventud se convirtieron en el punto de partida de las lanchas que, al amparo de la noche, transportaban la cosecha a las islas cercanas y, por último, a Estados Unidos. Los cárteles pronto perdieron el interés en la marihuana y fijaron su atención en la cocaína. Durante la mayor parte de mi vida adulta, Santa Marta y sus alrededores se convirtieron en una «zona prohibida» para todo aquel que deseara evitar los problemas. Los grupos armados, entre ellos las FARC y los paramilitares, encontraron refugio en la Sierra Nevada, y los pueblos indígenas locales sufrieron innumerables matanzas. Los antiguos centros turísticos que tanto adorábamos de niños cayeron en el desprestigio y la ruina.

A medida que la situación era cada vez más caótica y se volvía incontrolable, las familias colombianas de clase media que iban de vacaciones optaron por la ciudad amurallada de Cartagena, situada más adelante en la costa, o —aquellos que podían permitírselo— por Orlando o Miami. Santa Marta se convirtió en uno de esos lugares en los que uno pensaba dando un profundo y nostálgico suspiro, con la triste convicción de que las cosas nunca mejorarían y de que con toda seguridad uno nunca volvería allí.

A estas alturas, ya sabemos cómo terminó esa historia: gracias al giro que Colombia dio en los últimos veinte años, hoy Santa Marta es de nuevo un centro turístico. Es popular entre las familias jóvenes colombianas y una visita obligada en el circuito internacional de los mochileros. Aunque la violencia todavía es un problema, la tasa de homicidios en la ciudad se ha reducido un 70 por ciento desde los llamados «años de plomo». Las mansiones construidas por los capos de la droga de las décadas de 1980 y 1990 son ahora bulliciosos hostales juveniles. El Rodadero alberga un popular acuario al estilo de Sea World con delfines, tiburones y leones marinos.

Ningún lugar es irrecuperable. Con coraje, conocimiento y espíritu emprendedor, toda nuestra región es capaz de dar el más espectacular de los giros, hasta de sorprender incluso a los más cínicos. Depende de nosotros hacerlo realidad. Depende de nosotros el reinventarnos.

Agradecimientos

Mis padres nos dejaron, a mis hermanos y a mí, muchas enseñanzas y «reglas para la vida». Estas enseñanzas nos llegaron no solo por lo que nos decían, sino, aún más importante, por lo que hacían.

Así, por ejemplo, desde que tengo memoria, vi a mis padres practicar una de estas reglas básicas: escuchar al otro con generosidad y atención para así entender su historia. He hecho mía esta regla y la practico cada vez que puedo. Hago lo imposible por entender cuál es «la historia de esta persona». Así, durante mi vida, he acumulado un precioso bagaje de «historias» que me han ayudado a comprender a los demás, al mundo en que vivimos y a mí mismo.

Siento, por lo tanto, que mi primer agradecimiento debe ser para quienes han compartido sus historias conmigo y con las que he tenido la oportunidad de conversar, interactuar, trabajar y convivir durante años. Desde mujeres líderes comunitarias, estudiantes, emprendedores, conductores de buses y empresarios y jefes de Estado, hasta Nancy, una mujer admirable que vive en un barrio en la periferia de Barranquilla y que se levanta todos los días con el propósito de hacer mejor la vida de los otros.

Este libro es fruto de reflexiones, ideas e intercambios que tuve el privilegio de vivir, y donde pude observar las grandes paradojas de América Latina, que en ocasiones nos sorprenden.

Va también mi especial agradecimiento a Brian Winter, talentoso periodista, analista político y económico y, sobre todo, amigo, con quien por años discutí, debatí y compartí ideas y opiniones sobre los problemas de nuestra región y qué hacer para enfrentarlos. Gracias a Brian, pues las ideas que compartimos ayudaron a forjar este libro.

Finalmente quiero agradecer a mi madre, Marta, a quien dedico este libro, una gran mujer que representa valores como el de la honestidad, el respeto y la compasión por el otro.